ちくま新書

日本人の9割が知らない英語の常識181

キャサリン・A・クラフト
Kathryn A. Craft
里中哲彦=編訳

1313

はじめに

　本書は、日本人の９割が知らないと思われる「英語の常識」について考察したものです。現代日本には英語があふれていますが、英語のネイティブ・スピーカーなら誰でも知っているのに、日本人にはほとんど知られていない「常識」もまた数多く存在します。
　たしかに、そうした「常識」のなかには、知らなくても困らないものもありますが、小さな喜劇として笑ってすまされないものもまた多数あります。それによってコミュニケーションに支障をきたすとなれば、その「常識」をぜひ覚えておかなくてはなりません。

　本書では、日本の英語学習者がつまずいてしまいがちな誤りを指摘し、その間違いにどう対処すべきかを提案したいと思います。
　よく言うのですが、間違えることそれ自体は悪いことではありません。間違いをおかさずに言語を習得することなどできないからです。私自身、多くの間違いをしたからこそ、日本語をなんとか話せるようになったのです。
　大切なのは、間違いを正していこうとする学習姿勢です。それがなくては言語の上達はありえません。本書を手にしたみなさんが英語に接する楽しさを味わっていただけたなら、それにまさる喜びはありません。

Have fun reading!

　最後になりますが、翻訳の労をとってくださったばかりか、ほとんどすべての項目にアドヴァイスを惜しまなかった里中哲彦さんには心より感謝いたします。
　また、本企画の編集をすべて取り仕切ってくださった筑摩書房ちくま新書編集部の河内卓さんにも感謝の言葉を述べさせていただきます。よい本をつくろうとする熱意のおかげで、私も考えを深めることができました。ありがとうございました。

キャサリン・A・クラフト
Kathryn A. Craft

日本人の9割が知らない英語の常識181【目次】

はじめに ……………………………………………………………… 003

第1章 日本語と英語の発想の違い …………………………… 021

001 ここはどこですか？ …………………………………… 022
「ここはどこ？」の「ここ」をどう表現する？

002 彼のどこが好きなの？ ………………………………… 023
「どこ？」と「なに？」

003 趣味は何ですか？ ……………………………………… 024
"hobby" の意味するもの

004 日本では20歳以上でないとお酒が飲めません。 …… 025
"over" は「以上」ではない

005 どうしてそのことがわかったの？ …………………… 026
「理由」と「方法」で使い分けよう

006 ケネディは何代目の大統領？ ………………………… 027
「何代目」を英語で

007 〔店員に〕爪切り、ありますか？ …………………… 028
店で働いている人たちを総称的にとらえる

008 僕のパソコン、買ってからもう8年になる。 ……… 029
"How old...?" の適用範囲

009 注文したコートを受け取りに来ました。 …………… 030
9割が使えない "I'm here to..."

010 これ食べてみて！ ……………………………………… 031
"try to *do*" の意味

011 もう、びっくりした！ ………………………………… 032
"You scared me!" の口慣らしを！

012	あなたは朝型人間？	033
	便利な "a 〜 person"	
013	辞めさせてもらいます。	034
	こんなときにも「許可」を求めるニッポン人	
014	暑い！	035
	"feel hot" と "be hot" の違い	
015	（体調がすぐれず）気分が悪い。	036
	否定語をまじえて表現する	
016	寒がりなので、いつもセーターをもっているの。	037
	「寒がり／暑がり」を英語で	
017	先々週の金曜日に京都へ行きました。	038
	「先々週」のあらわし方	
018	このぶどうの皮は食べられますか？	039
	「ぶどうの皮」を英語で	
019	パンの耳は捨てないで。	040
	「耳」と「かかと」	
020	その本なら３冊買ったよ。	041
	９割が知らない "copy"	
021	忘れないうちに書き留めておきます。	042
	「忘れないうちに」＝「忘れるまえに」	
022	ただほど高いものはない。	043
	"There's no such thing as A." というフレーズ	
023	むかしは東京も緑がたくさんあった。	044
	"green" と "greenery"	
024	奈良は豊かな自然につつまれている。	045
	"a lot of nature" という発想	
025	信号が青のうちに渡ってしまいましょう。	046
	「青」の範囲	

026	開店は何時ですか？	047
	動詞を使うか、形容詞を使うか	
027	(店は) 何時までやっていますか？	048
	"How late...?" という発想	
028	定休日はいつですか？	049
	「何曜日に」という発想	
029	〔レストランで〕お席の用意ができました。	050
	「席」か「テーブル」か	
030	〔ファストフード店で〕 チーズバーガーとコーラをください。	051
	"please" の位置	
031	ママ、きょうの晩ごはんは何？	052
	"menu" は「一覧表」	
032	面白い人たちにたくさん出会うことができた。	053
	「(幸運にも) ……ができる」= "get to..."	
033	ダメなものはダメ。	054
	"No is no." は伝わるでしょうけど……	
034	(携帯に) メールします。	055
	"e-mail" か "text" か	
035	あそこの料理はインスタ映えするよね。	056
	「インスタ映え」をどう言いあらわす？	
036	うまくいくように願っているよ。	057
	「指をクロスする」	
037	急用が入ってしまったので、ちょっと遅れます。	058
	「急用」を英語で	
038	カレンとメグには共通点がありますか？	059
	"have... in common" という定型	

039	私の車で行こうよ。	060
	交通手段のあらわし方	
040	右膝が痛い。	061
	"hurt" を使いこなそう	
041	あの看板には何と書いてあるの？	062
	"say" を使いこなそう	
042	今回だけは許してやろう。	063
	"only this time" vs. "just this once"	

英語にならない日本語①　いただきます。 064

第2章　文法の誤解 065

043	シャツに卵がついているよ。	066
	冠詞のつかない "egg"	
044	彼女はブロンドの髪をしている。	067
	毛髪を数える？	
045	彼には友だちがほとんどいない。	068
	"few" と "a few" の違いを強調するけれど	
046	彼女は退屈していた。	069
	"bored" か "boring" か	
047	授業は4月3日から始まります。	070
	「行事」の予定は現在形で	
048	仙台に住んで2年になる。	071
	「過去」と「現在完了」の違い	
049	もう30分も待ったのよ！	072
	進行形で「苛立ち」をあらわすことも	
050	リー先生は私に、入院しなければならないと言った。	073
	間接話法の "must"	

051 すぐに痛みはやわらいだので、
ケイは起き上がることができた。………… 074
"could" と "was able to" の違い

052 新しくできたラーメン屋さん、おすすめだよ。………… 075
"had better" は警告表現

053 ニューヨークにいるのだから、
ミュージカルを観るのも悪くないわよ。………… 076
"might as well ～" に慣れよう

054 来月、シドニーへ行く予定です。………… 077
"will" は「いま決めた」意志

055 〔ホテルのフロントで〕お支払いはどういたしますか？… 078
"will be ～ing" という丁寧表現

056 小さな頃、ジョンはポーチで何時間も
ギターを弾いていたわ。………… 079
過去を懐かしむ "would"

057 以前はよくスキューバダイビングに行きました。……… 080
"used to" は過去と現在の対比

058 ヒロシマの悲劇を二度と繰り返すな！………… 081
「ノー・モア・ヒロシマ！」でいいのか？

059 彼女がつくったケーキはおいしかった。………… 082
"which" と "that" の違い

060 ここは私が生まれ育った町です。………… 083
「関係副詞」は〈前置詞＋which〉で置き換えられる

061 ラスカルっていうのは、私と暮らしているネコなの。… 084
先行詞が「愛する猫」の場合

062 留守のあいだ、ネコたちの世話は
隣の家の人がしてくれます。………… 085
受動態を使いすぎる日本人

063	神戸で生まれて、大阪で育ちました。	086
	2つの態が混在する違和感	
064	部屋を散らかしていたので、ママに叱られちゃった。	087
	"scold" の蔓延	
065	自転車を盗まれちゃった。	088
	"have A done" の考え方	
066	妻が帰宅したら、折り返し電話させます。	089
	〈当然〉の "have"	
067	私たちは札幌で知り合いました。	090
	"become to do" という英語表現はない	
068	タイガースに勝ってほしいなあ。	091
	"wish" か "hope" か	
069	たぶん(そうします)。	092
	"maybe" の可能性	
070	お互いがんばりましょう。	093
	「お互い= each other」ではない場合	
071	ほかに誰が来るの?	094
	"else" の使い方	
072	彼女は私よりも背が高い。	095
	"than" の後ろ①	
073	私がボブを愛するよりも、メアリーはボブを愛している。	096
	"than" の後ろ②	
074	テストは思ったよりずっと難しかった。	097
	比較級を強める "way"	
075	小田原に着くまで、カレンは眠っているだろう。	098
	"until (the time) ..." を使いこなそう	

076 帰宅して、ネコたちにエサをやった。……………… 099
コンマが必要？

077 （列車は）まもなく名古屋に停車いたします。……… 100
"in" は〈領域〉、"at" は〈点〉

078 トマトは5個で400円です。……………………… 101
交換の "for"

079 大阪にいるあいだに行きたいところはありますか？… 102
"during" と "while"

080 天井にハエが1匹いる。………………………… 103
"on" の基本イメージ

081 あとどのくらいでできあがりますか？……………… 104
"How long?" と "How soon?"

082 何か質問はありませんか？………………………… 105
「否定疑問は丁寧」という勘違い

083 どれくらいの大きさのアパートを探しているの？…… 106
〈How ＋形容詞＋ a ＋名詞〉という語順の疑問文

084 ママ、あと何日でクリスマスなの？………………… 107
"How many more...?" という口語表現

英語にならない日本語② ごちそうさま。……………………… 108

第3章 語法の勘違い ……………………………………… 109

085 そこまで手がまわらなかった。…………………… 110
"get around to A" という口語表現

086 家まで送ろうかと彼は言ってくれた。……………… 111
"offer" の使い方

087 お勘定はどこで払うのですか？…………………… 112
"pay the bill" か "pay for the bill" か

088	ありがとう。たいへん感謝しています。 ... 113
	"appreciate" は他動詞
089	彼女はその男の外見を警察官に説明した。 ... 114
	"explain" ≠ "describe"
090	寒い冬になるそうだよ。 ... 115
	「〜だと言われている」 vs.「〜だそうだよ」
091	料理上手だってよく言われるの。 ... 116
	"be told" と "be said"
092	パリで素晴らしいときを過ごした。 ... 117
	"spend" か "have" か
093	うちの息子は、スペリング競技会に参加した。 ... 118
	「参加する」をめぐる誤解
094	油絵のクラスに申し込んだ。 ... 119
	「受講届を出す」は "sign up"
095	その映画には誰が出ていますか? ... 120
	"appear" は「突然現れる」
096	観衆はマラソン走者たちに声援を送った。 ... 121
	意外と知らない "cheer on"
097	雨が降ると、関節が痛むんだ。 ... 122
	ある症状が「出る」は?
098	ワイングラスはどこへしまうの? ... 123
	9割が知らない "go" の用法
099	明日の会議、イヤだなあ。 ... 124
	"look forward to" の反対表現は?
100	夕方は大雨らしいよ。 ... 125
	誤解されている "expect"
101	申し込み用紙に記入してください。 ... 126
	fill out / fill in

102	牛乳は体質的に合いません。	127
	"agree" の使い方を知ろう	
103	駅にはどう行けばいいのですか？	128
	プロセスに関心を向けている場合の「行く」	
104	ネットで住所を調べてあげましょう。	129
	"search" と "look up"	
105	なんなら私が駅まで送ってあげようか。	130
	"be glad to" の誤解	
106	このDVDは、日本で再生できますか？	131
	"work" の考え方	
107	舞台に近い席は8,000円します。	132
	"take" と "cost" の違い	
108	おつき合いしている人はいますか？	133
	日本人の1割しか知らない	
109	「ほっといて」と彼女は言った。	134
	知られざる "go"	
110	旅行はどうだったの？	135
	"travel" と "trip" の常識	
111	ここは電波がよくありません。	136
	キーワードは "reception"	
112	ここでスマホを充電できますか？	137
	"charge" の意味	
113	ひどい日焼けをしちゃった。	138
	"suntan" と "sunburn" の違い	
114	日本全国、送料は無料です。	139
	"delivery" vs. "shipping"	
115	私たちはその問題に答えを出さなくてはならない。	140
	"solve a question" という奇妙な英語	

116	電話くれる？急ぎじゃないけど。……………………… 141	
	"emergency" は命にかかわる「緊急事態」	
117	うちは5人家族です。……………………………………… 142	
	"persons" か "people" か	
118	交替で運転しよう。………………………………………… 143	
	"in turn(s)" を使いたがるニッポン人	
119	この3日間、ずっと雨ですね。…………………………… 144	
	"these three days" と習うようですが……	
120	冬になると、インフルエンザがはやります。………… 145	
	"popular" と "common" の考え方	
121	生野菜はあまり好きじゃない。…………………………… 146	
	「新鮮な」か「生の」か	
122	ただ聞いてみただけ。……………………………………… 147	
	"curious" を使えるか	
123	イタリアへ留学するのにお金がたくさん要るの。……… 148	
	"much" の誤用	
124	喜んでやらせていただきます。…………………………… 149	
	"be willing to *do*" と "be happy to *do*"	
125	小さくてほとんど見えない。……………………………… 150	
	"hardly" は否定の副詞！	
126	彼女はめったに外出しない。……………………………… 151	
	"seldom" はもはや日常語ではない	
127	すぐに降りてらっしゃい。………………………………… 152	
	"soon" には「切迫感」がない	
128	2人きりの時間があまりないわね。……………………… 153	
	"alone" の使い方	

129 どこか暖かいところへ行こうよ。
　　たとえばハワイとかさ。……………………………………… 154
　　"for example" は書き言葉で

130 〔「ほんとう？」と聞かれて〕もちろん！ ………………… 155
　　"Of course!" はどう響く？

131 パイが好き。とくにアップルパイが。……………………… 156
　　"especially" vs. "specially"

132 〔「なぜそんなに早く行ったの？」と聞かれて〕
　　前のほうの席を取ろうと思ってね。………………………… 157
　　"why" に対しては "because" だけではない

英語にならない日本語③　行き帰りのあいさつ ……………………… 158

第4章　マナーの非常識 …………………………………………… 159

133 〔玄関先で〕どうぞ。………………………………………… 160
　　"Please." のその先は？

134 ジョンさん、ちょっとよろしいですか？ ………………… 161
　　ファーストネームに "Mr." はつけない

135 〔レストランで〕ウェイターを呼ぶ ……………………… 162
　　大声をあげないのがマナー

136 彼女はホテルのサービスにクレームをつけた。………… 163
　　「クレームをつける」は "claim"？

137 ＩＤをお返しします。……………………………………… 164
　　"Here's ～ back." というフレーズ

138 注文したものとは違います。……………………………… 165
　　"order" がキーワード

139 支払いは割り勘にしよう。………………………………… 166
　　"go Dutch" は差別的に響く

140	ねえ、みんな、映画を見に行こうよ！	167
	"you guys" は女性に対しても使っていい？	
141	どちらかというとやりたくない。	168
	丁寧に断わりたいとき	
142	〔「いい天気ですね」と言われて〕	
	ええ、ちょっと肌寒いけどね。	169
	"though" の副詞用法	
143	1万円貸していただけませんか？	170
	依頼表現についての誤解	
144	難しいです。（＝ご要望には添えません）	171
	「難しい」から、どうなの？	
145	〔同意をあらわして〕そうね。	172
	同意の相づち	
146	まあまあだった。	173
	"so-so" という口ぐせ	
147	彼女、オメデタなんだ。	174
	露骨すぎる "pregnant"	
148	ちょっと酔っ払っちゃった。	175
	"drunk" は品性を疑われる	
149	トイレはどこですか？	176
	toilet / bathroom / restroom / lavatory の違い	
150	（あなたの）お母さんは何と言ったの？	177
	Mom vs. your mom	
151	日本人は平和を愛する国民です。	178
	排他的に聞こえる "we Japanese"	
152	私とエリックは、先月別れたの。	179
	自分は最後に！	

153	なんてことだ！	180
	神聖な名はみだりに口にしない	
154	メリークリスマス！	181
	キリスト教徒ばかりではない	

英語にならない日本語④　お疲れさま。 …………… 182

第5章　カタカナ語の不思議 …………………… 183

155	あとでラインするね。	184
	「ラインする」や「ググる」を英語で	
156	そこはパワースポットだと言われている。	185
	"power spot" とは？	
157	あなたのマイブームについて教えて。	186
	"boom" は「(世の中の) 大流行」	
158	メイクをしたまま寝ちゃった。	187
	"make" ではつうじない	
159	ストレスがたまったら、やっぱりソウルフードよね。	188
	「ソウルフード」は "comfort food"	
160	医者にメタボと言われた。	189
	「メタボ」ではつうじない！	
161	ドクターストップで禁煙中なんだ。	190
	"doctor's orders" が対応するけれど……	
162	出前を頼んだ。	191
	ケータリングは「出前」？	
163	これは新米ママのマストアイテムです。	192
	「マストアイテム」は "a must-have item"	
164	私、ペーパードライバーなの。 だから運転はお任せします。	193
	「ペーパードライバー」は和製英語！	

165	ペットボトルのリサイクルをしてますか？ ……… 194	
	ペットの入ったボトル？	
166	彼はセレクトショップで働いている。……… 195	
	「セレクトショップ」でつうじる？	
167	ポイントカードをお持ちですか？ ……… 196	
	"point card" は和製英語	
168	それはケースバイケースだ。……… 197	
	"case by case" の使い方	
169	彼のリアクションには笑った。……… 198	
	「リアクション」と「レスポンス」	
170	ホームレスを助けるためにもっと努力しなくてはなりません。……… 199	
	「ホームレス」は "homeless people"	
171	ガッツポーズをお願いします！ ……… 200	
	「勝利のポーズ」と言い換える	
172	ロニーはここのスタッフだ。……… 201	
	"staff" は集合名詞	
173	毎月のノルマがきつい。……… 202	
	「ノルマ」の由来	
174	彼女はスタイルがいい。……… 203	
	"style" ではつうじない	
175	エッチ！ ……… 204	
	HENTAI の「H」	
176	その薬は男性ホルモンの値を上げます。……… 205	
	発音に注意！	
177	フレッシュサンドならコンビニで買えます。……… 206	
	新鮮な砂？	

178	ファスナーが壊れちゃった。	207
	"fastner" と "zipper" の違い	
179	グランド・オープン！	208
	"Grand Open!" とは？	
180	スキー＆リゾートへ行った。	209
	「＆」の考え方	
181	娘はマンツーマンのレッスンを受けている。	210
	「マンツーマン」は "private"	

あとがき ……………………………………………………… 211

本文デザイン＝中村道高

・本文中で使っている「ネイティブ」および「ネイティブ・スピーカー」は、native speakers of English（英語を母語にしている者）のことで、日本ではすでに一般的になっているため、この表記にしたがいました。

・本書で使用している記号は、以下のような判断に基づいています。
  ◎ 問題のない、正しい英語表現。
  ⦵ 伝わるかどうかがわからない英語表現。
  ✗ 誤った英語表現。

第 1 章

日本語と英語の発想の違い

001 ここはどこですか?

「ここはどこ?」の「ここ」をどう表現する?

日本人の英語

❌ Where is here?

多くの人がこのように言ってしまいがち。
"Where is here?" は、以下のようなやりとりでなら用いることができます。
A：Where are you?（どこにいるの？）
B：I'm here.（ここにいる）
A：Where is "here"?（ここってどこ？）

ネイティブの英語

・Where am I (now)?
・Where are we (now)?

「ここはどこですか？」と自分の居場所を尋ねるときは、このように主語に〈人〉を立てます。
A：Excuse me. Where am I now?
　（すみません。ここはどこですか？）
B：You're on Meiji Avenue.
　（ここは明治通りです）

002 | 彼のどこが好きなの?
「どこ?」と「なに?」

日本人の英語

❌ Which part of him do you like?

日本人はよく「彼のどこが好きなの？」とか「彼のどういったところが好きなの？」といった聞き方をしますが、ネイティブ・スピーカーにはない発想です。実際、上の英文が何を言おうとしているかもまったくわかりません。

ネイティブの英語

What do you like about him?

場所や位置を問うのではなく、特定の箇所や特徴を問うて「どの点が……？」という場合は、"what"を用います。

◆ What do you love about Japan?
（日本のどこがいいのですか？）
◆ What do you hate about living in big cities?
（都会暮しのどこがいやなの？）

003 | 趣味は何ですか?
"hobby" の意味するもの

日本人の英語

❓ What's your hobby?

　ネイティブの感覚では、"hobby" は「切手を収集したり、模型を組み立てたりすること。あるいは園芸や美術などの活動にいそしむこと」です。「向上心をもちながら、ひとりで長期にわたって打ち込んできた活動」といったニュアンスもあります。というわけで、読書、映画鑑賞、スポーツなどは "hobby" に含まれないのです。

ネイティブの英語

What do you like to do in your free time?

　「暇なときは好んで何をしているのですか?」と尋ねるのがふつうです。

◆ How do you spend your free time?
　(暇なときはどんなふうにして過ごしているのですか?)
　と問いかけることもできます。
　いずれにしても、これらが日本語で言うところの「趣味は何ですか?」に置き換えられる英語表現なのです。

004 | 日本では20歳以上でないとお酒が飲めません。

"over" は「以上」ではない

日本人の英語

❌ You have to be over 20 to drink in Japan.

　日本語で「20歳以上」と言えば、20歳は含まれますが、英語で "over 20" と言った場合は、「20歳より上」という意味になり、20歳は含まれません。つまり、上の文で言えば、「21歳以上」ということになってしまうのです。

ネイティブの英語

You have to be 20 or over to drink in Japan.

　どうしても「20」という数字を出したいのならば、20 or over（20歳かそれ以上）とします。
　同様に、"under 20" と言った場合は、「20歳より下」という意味になり、20歳は含みません。20という数字を出して、「20歳以下」と言いたいのならば、20 or under（20歳かそれ以下）とします。

005 どうしてそのことがわかったの?

「理由」と「方法」で使い分けよう

日本人の英語

❌ Why did you know that?

日本語の「どうして」は、「どんな理由で」と「どんな方法で」の2とおりに分かれます。〈理由〉の「どうして」は、「どんな理由でこうした事態になったのか、その判断に苦しむ」という発話者の気持ちをあらわします。

ネイティブの英語

How did you know that?

「どうしてそのことがわかったの?」の「どうして」は、「どんな方法でそのことがわかったのか?」と言い換えることができます。つまり、この「どうして」は〈理由〉ではなく、〈方法〉を尋ねているのです。

◆ How did you know his name?
 (どうして彼の名前がわかったの?)
◆ How did you find out he was cheating?
 (彼が浮気しているってどうしてわかったの?)

006 ケネディは何代目の大統領?

「何代目」を英語で

日本人の英語

❌ How manieth president was Kennedy?

私の生徒が考え抜いて書いた文がこれです。
"many" を "manieth" に変えていますが、このような英単語はありません。というか、そもそも英語ではこのような発想がありません。

ネイティブの英語

How many presidents were there before Kennedy?

英語では、「ケネディのまえに何人の大統領がいましたか?」と聞くのです。日本人の発想とは違いますね。
では、「35代目です」と答える場合は、どのように言ったらいいのでしょうか。「ケネディのまえに何人の大統領がいましたか?」と問われているのですから、

◆ There were thirty-four.
（34人いました）

このように言わなくてはなりません。

007 〔店員に〕爪切り、ありますか?
店で働いている人たちを総称的にとらえる

日本人の英語

❌ Does this shop sell nail clippers?

「この店には〜がありますか?」だから、"this shop" を主語にして……と思わず考えてしまうのが日本人の発想のようです。しかし、ネイティブがこのように言うことはありません。

ネイティブの英語

・Do you sell nail clippers?
・Do you have nail clippers?

英語圏の人たちは、その店で働いている人たちを総称的にとらえて "you" を主語にします。

以下のように言うこともあります。

A : Do you carry nail clippers?
(爪切りは置いてありますか?)
B : Yes, we do, but I'm afraid we're out right now.
(いつもはあるんですが、いまは切らしています)

この "carry" は「(商品を)扱っている、(ふだんは)置いている」という意味です。

008 | 僕のパソコン、買ってからもう8年になる。

"How old...?" の適用範囲

日本人の英語

? It's been 8 years since I bought this computer.

　大学入試によく出る It's been 〜 since...（……してから〜が経過した）ですが、ひじょうに bookish（文語的）な構文と言えます。

ネイティブの英語

My computer is already 8 years old.

　ネイティブは「僕のパソコン、8歳なんだ」という言い方をするのです。
　また、英語の "How old...?" は適用範囲がひじょうに広く、人間だけではなく、さまざまなモノに対して、その"年齢"を聞くことができます。

A：How old is Himeji Castle?
　（姫路城は何年前に築城されたのですか？）
B：It's almost 400 years old.
　（400年ほど前です）

009 注文したコートを受け取りに来ました。

9割が使えない "I'm here to..."

日本人の英語

? I came here to pick up the coat I ordered.

　日本人はこのように言ってしまいがち。"come" は「(話し手に) 近づく」という "動作" に重点が置かれている単語なので、たいへん不自然に聞こえます。

ネイティブの英語

I'm here to pick up the coat I ordered.

　このように、I'm here to...（……するためにここにいます）という表現を用いて、その後ろで用件を述べます。
　日本語の「……するために来た・……しに来ました」は "I'm here to..." が対応する、と覚えておいてください。

◆ I'm here to apply for the job.
　（仕事の申し込みに来ました）
◆ I'm here to make a complaint.
　（苦情を言いに来ました）

010 これ食べてみて!
"try to *do*" の意味

日本人の英語

✗ Try to eat this!

　日本人は "try to *do*" を「〜しようとする」と訳していますが、ネイティブは「(できないかもしれないことを) しようとする」というニュアンスで使っています。
◆ Try to remember where you put the key.
　(どこにカギを置いたか思い出してみて)
　困難をともなうことや、結果として失敗に終わるのではないかというときに用います。

ネイティブの英語

Try this!

　ネイティブはこのように言います。飲食物を「試食する・試飲する」ときは〈try +飲食物〉とします。
◆ Have you ever tried this wine?　It goes well with meat.
　(このワイン、飲んだことある? お肉とよく合うわ)

011 | もう、びっくりした!

"You scared me!" の口慣らしを!

日本人の英語

❌ Oh! You surprised me!

背後から忍び寄ってきて、いきなり大声で「わっ!」と言われたら、あなたはその人に向かって、「もう、びっくりした!」と言いたくなるでしょう。

"You surprised me!" は、文法的には正しい英文ですが、このようなシチュエーションでは使いません。サプライズ・パーティーなどで、満面の笑みを浮かべながら使う表現と言ったらわかってもらえるでしょうか。

ネイティブの英語

Oh! You scared me!

このようなときは、「私を怖がらせたわね」と発想するのです。"scare" は、「怖がらせる・おびえさせる」という動詞。ひじょうによく使われている単語ですが、正直、日本人にはあまり浸透していませんね。

◆ Lisa! You scared me! You should knock first.
（リサったら!　びっくりしたじゃない!　まずノックしてよ）

012 | あなたは朝型人間?

便利な "a ~ person"

日本人の英語

❌ Are you a morning-type person?

朝から活動的な人を日本語では「朝型人間」と呼びますね。日本語の発想では「型」をつけて表現しますが、英語では "type" をつけません。

ネイティブの英語

Are you a morning person?

「朝型の人間」は "a morning person"、「夜型の人間」は "a night person" と言います。

◆ He's a night person, but I'm a morning person.
（彼は夜型人間だけど、私は朝型人間なの）

多くの場合、「〜好きの人」は "a 〜 person" で言いあらわすことができます（a wine person「ワイン派」など）。よく耳にする「イヌ派」や「ネコ派」も、英語では a dog person / a cat person と言います。

◆ Are you a dog person or a cat person?
（あなたはイヌ派、それともネコ派？）

013 | 辞めさせてもらいます。
こんなときにも「許可」を求めるニッポン人

日本人の英語

❌ Please let me quit.

日本人は腹を立てているときでさえ、「辞めさせてもらいます」とたいへん丁寧な言葉づかいをします。
〈許可〉を求める表現を用いるのです。欧米人には、これがたいへん奇異に感じられます。

ネイティブの英語

I'm quitting.

ネイティブ・スピーカーは「辞めてやる」ときっぱり言います。語気を強めて、
◆ I'm leaving the company.
（こんな会社、辞めてやる）
と捨て台詞を吐くこともあります。
「きょうのレッスンを休ませてください」（Please let me skip today's lesson.）も同様。これも欧米人にはない発想です。英語では、
◆ I'm afraid I'm going to miss today's class.
このように言います。

014 | 暑い!
"feel hot" と "be hot" の違い

日本人の英語

? I feel hot!

これだと、「ほかの人はともかく、どうも私だけが暑いと感じているみたい」と言っているようです。

A：Does anyone else feel hot?
　（ほかにも暑いと感じている人いる？）
B：No, it's just you.
　（いないわ。あなただけよ）

ネイティブの英語

I'm hot!

このように be 動詞を使って言いあらわすのがふつうです。

◆ I'm really hot. Turn on the air conditioner.
　（ああ暑い。エアコン入れて）

同様に、体や手足が「寒い・冷たい」ということを述べたい場合は、be cold であらわします。

◆ I'm cold! Turn up the heat.
　（寒い！ 暖房を強めて）

015 | （体調がすぐれず）気分が悪い。
否定語をまじえて表現する

日本人の英語

❌ I feel bad.
❌ I feel sick.

"I feel bad." は、「お気の毒です」とか「残念に思う」などの意味をもちますが、「気分が悪い」という意味はもちません。

また "I feel sick." は嫌なものを目にして不快感をもったときに発する「気持ち悪い」であり、体調の悪さからくる「気分が悪い」ではありません。

ネイティブの英語

・I don't feel good.
・I don't feel well.

ネイティブは、風邪や発熱などで体調が思わしくないとき、このように言います。日本人が「気分が悪い」と言うところを、英語では「気分がよくない・気分がすぐれない」と否定語をまじえて言いあらわしているところに注目してください。

016 | 寒がりなので、いつもセーターをもっているの。

「寒がり／暑がり」を英語で

日本人の英語

❌ I'm cold-blooded, so I always carry a sweater.

ポイントは「寒がり」のところ。"cold-blooded" は「（非難に対して）冷酷な・無情な・残忍な」の意味です。

ネイティブの英語

I'm always cold, so I always carry a sweater.

英語では、「寒がり」に対応する1語の形容詞がありません。"always cold" と表現すれば「寒がりである」ことを伝えることができます。

「暑がり」も同様で、"always hot" と言います。

◆ I wear T-shirts even in the winter because I'm always hot.
（冬でもTシャツなんだ。なにしろ暑がりなもので）

◆ My husband is always hot, and I'm always cold.
（夫は暑がりで、私は寒がりなの）

第1章　日本語と英語の発想の違い

017 | 先々週の金曜日に京都へ行きました。

「先々週」のあらわし方

日本人の英語

❌ I went to Kyoto two weeks ago's Friday.

幾度となく耳にしてきた日本人の英語です。two weeks ago（副詞句）の部分を "two weeks ago's" とやってしまうところがたいへん不自然に感じられます。

ネイティブの英語

I went to Kyoto the Friday before last.

「先々週」は次のようにあらわします。
- last week（先週）
  the week before last（先々週）
- last Friday（先週の金曜日）
  the Friday before last（先々週の金曜日）
  同様に、「再来週」は次のようにあらわします。
- next week（来週）
  the week after next（再来週）
- next Friday（来週の金曜日）
  the Friday after next（再来週の金曜日）

018 このぶどうの皮は食べられますか?

「ぶどうの皮」を英語で

日本人の英語

❌ Do you eat the cover on these grapes?

名詞の "cover" は「覆い」です。本の「表紙」や品物の「包み紙」をあらわすことはあっても、くだものの「皮」を指すことはありません。
◆ Who is on the cover of *Newsweek*?
（「ニューズウィーク」の表紙は誰?）

ネイティブの英語

Do you eat the skin on these grapes?

"skin" は、人間の「肌」、動物の「皮膚」だけでなく、くだものや野菜の「皮」も含みます。
リンゴやバナナの「皮」も "skin" ですが、「むいた皮」や「皮をむく」は "peel" であらわします。
◆ Put the banana peels on the plate.
（バナナのむいた皮はお皿の上にね）
◆ Would you peel the apples?
（そこにあるリンゴの皮をむいてくれる?）

019 パンの耳は捨てないで。

「耳」と「かかと」

日本人の英語

❌ Don't throw away the ears of the bread.

日本語の発想をそのまま英語に適用したのでしょうが、残念ながらネイティブには伝わりません。

ネイティブの英語

Don't throw away the crusts of the bread.

「パンの皮」や「パイの皮」のことを "crust" と言います。日常会話ではこれをよく耳にします。

◆ My son loves the crust.
（息子はパンの耳が大好きなの）

おそらく "heel" という単語をご存じでしょう。そう、「かかと」の "heel" です。これも「（パンの）切れ端」の意味をもちます。「かかと→末端→切れ端」となりました。

◆ You can use the heel of the bread in lots of dishes.
（パンの切れ端は工夫すると、いろんな料理に使えるよ）

020 | その本なら3冊買ったよ。
9割が知らない "copy"

日本人の英語

❌ I bought three books.

日本人はこのように言ってしまいがち。
この文のどこが問題でしょうか。これだと「異なる3冊の本を購入した」に聞こえてしまいます。

ネイティブの英語

I bought three copies of that book.

同じ本を3冊買ったわけですから、"three copies" としなければなりません。"copy" は同時に印刷（複写・複製）された「（本・雑誌の）1冊」、「（新聞の）1部」、「（ＣＤや版画の）1枚」を意味します。

◆ This book sold 150,000 copies.
（この本、15万部売れたんだって）

◆ I ordered two copies of that DVD, one for you and one for Naomi.
（そのＤＶＤなら2枚注文しておいたよ。あなたとナオミのために）

021 | 忘れないうちに書き留めておきます。

「忘れないうちに」=「忘れるまえに」

日本人の英語

❌ I'll write it down while I don't forget.

日本人は、「忘れないうちに」という日本語を、「〜のうちに」（while）と「忘れない」（I don't forget）の2つに分けて英文をつくる傾向があります。しかし、これでは「忘れてはいないあいだ」になってしまい、何を言おうとしているのかさっぱりわかりません。発想の転換が必要です。

ネイティブの英語

I'll write it down before I forget.

「忘れないうちに」は、「忘れるまえに」と言い換えてみましょう。これで、わかりやすい英語になります。アメリカ人の私の場合、日本人とは逆で、before I forget（忘れるまえに）を「忘れないうちに」という日本語に変換して使っています。

◆ Before I forget, I'd better call him now.
（忘れないうちに彼に電話しておこっと）

022 | ただほど高いものはない。

"There's no such thing as A." というフレーズ

日本人の英語

? There's nothing so expensive as a free thing.

英語でも、日本語と同じような発想をすることはよくありますが、「ただほど高いものはない」を直訳してみると、上のような英文になります。言おうとしていることはわかりますが、自然な英語ではありません。

ネイティブの英語

There's no such thing as a free lunch.

英語ではこのような決まり文句があります。英語圏では商談をしながら昼食をとることがよくあるので、このような言いまわしが定着しました。「おごってもらえる昼食には裏がある」という含みがあります。

There's no such thing as A.（Aなんて存在しない）というフレーズを覚えておきましょう。

◆ Her brother told her there's no such thing as Santa.
（サンタなんていない、と兄は妹に言った）

023 | むかしは東京も緑がたくさんあった。
"green" と "greenery"

日本人の英語

✗ Years ago, Tokyo had a great deal of green.

"green" が、自然を象徴する「緑」を指すことはありません。ゴルフの「グリーン」(緑地)を意味したり、「環境にやさしい」という意味で、green vehicle（環境にやさしい乗り物）ということはあります。

ネイティブの英語

Years ago, Tokyo had a great deal of greenery.

"greenery" は、集合的に「緑の草木・青葉」をあらわす不可算名詞（数えられない名詞）です。trees and plants（木々と植物）で代用することもあります。

A: This park has a lot of trees and plants.
（この公園には緑がたくさんあるわね）
B: It's part of the city's project to make the city beautiful.
（市の美化推進事業の一環として造られたのよ）

024 | 奈良は豊かな自然につつまれている。

"a lot of nature" という発想

日本人の英語

❌ Nara is surrounded by a lot of nature.

日本人は「自然がいっぱいある」とか「自然が少ない」といった言い方をしますが、そもそも英語ではnature（自然・自然界）を「多い／少ない」という感覚でとらえるという発想がありません。ですから、"a lot of nature" とか "little nature" なる表現を耳にすると、何を言おうとしているのだろうとあれこれ考え、にわかに落ち着きをなくしてしまいます。

ネイティブの英語

Nara is surrounded by nature.

ネイティブならこのように言うでしょう。
また、日本人は「豊かな自然」とか「美しい自然」といった表現をよく用いますが、英語を話す人たちが "abundant nature" とか "beautiful nature" と言うことはありません。natural abundance（自然の豊かさ）とか natural beauty（自然の美しさ）ならOKです。

025 信号が青のうちに渡ってしまいましょう。
「青」の範囲

日本人の英語

❌ Let's cross the street while the light is blue.

　日本にやって来て驚いたことのひとつに、色のイメージの違いがあります。信号の「青」は、英語では"green"です。ほうれん草（spinach）などの「青野菜」も、英語では"green vegetables"と言います。

ネイティブの英語

Let's cross the street while the light is green.

　言葉には文化的背景があって、それに注意を向けることはひじょうに重要です。
　同じ「青」でも、英語ではそれぞれ、
・交通信号／野菜 → green
・空や海 → blue
・ショックを受けた人の顔色 → pale（青白い）
のように形容します。

026 開店は何時ですか?
動詞を使うか、形容詞を使うか

日本人の英語

❌ What time are you open?

このように形容詞の open(開いている)を使うと、「営業時間は何時から何時ですか?」という意味になってしまいます。

◆ We are open every day from 9:00 to 7:00.
(毎日、9時から7時までやっています)

ネイティブの英語

What time do you open?

動詞の open(開く)を使うと、「開店時刻」を尋ねることができます。

A:What time do you open?
(開店は何時ですか?)
B:We open at 9:00.
(9時です)

「閉店時刻」を尋ねる場合は、次のように言います。

◆ What time do you close?
(閉店は何時ですか?)

027 （店は）何時まで やっていますか？

"How late...?" という発想

日本人の英語

❓ Until what time are you open?

「何時まで」だから……と考えて、日本人はこのように言ってしまいがち。文法的に正しく、またネイティブも言おうとしていることを理解するでしょう。しかし、このように言うネイティブはいません。

ネイティブの英語

How late are you open?

「どれくらい遅くまで開いているのですか？」と尋ねるのです。これがネイティブの発想です。"How late ...?" は、いろんなシチュエーションで使うことができます。

〔ホテルで〕
◆ How late can we check in?
（チェックインは何時まで？）

〔駅で〕
◆ How late do the trains run?
（電車は何時まで走っていますか？）

028 | 定休日はいつですか?

「何曜日に」という発想

日本人の英語

❌ When is the day off?

"day off" というのは「(仕事のない) 休日」です。
◆ Monday is my day off.
 (私、月曜日が休日なの)
◆ I took 20 days off in summer.
 (夏は20日間の休暇をとった)

ネイティブの英語

What day of the week are you closed?

「1週間のうちの何曜日が店を閉めている日なのですか?」と聞くのがふつうです。
 そうすると、
◆ We're closed on Mondays.
 (定休日は月曜日です)
のような答えが返ってきます。主語を "we" にして、「私たちは毎週月曜日に店を閉めています」という発想をするのです。

029 〔レストランで〕お席の用意ができました。

日本人の英語

✗ Your seats are ready.

日本のレストランでは「ただいま満席です」とか「お席の用意ができました」のように、「席」という言葉を用います。そこで seat（席）という単語を使って、このように言ってしまうのですが、英米ではこのような発想はありません。

ネイティブの英語

Your table is ready.

このように言うのが英米人の常識です。「テーブルの準備ができました」と言いあらわすのです。「満席です」も同様で、「テーブルがない」と変換して言ってみましょう。

◆ Your table is ready. Right this way.
（お席の用意ができました。どうぞこちらへ）
◆ I'm afraid there are no tables available.
（申し訳ございません。ただいま満席です）

030

〔ファストフード店で〕チーズバーガーとコーラをください。

"please" の位置

日本人の英語

❌ Please a cheeseburger and a Coke.

伝わるでしょうが、ネイティブの英語ではありません。なんだか懇願しているような印象を与えます。

ネイティブの英語

A cheeseburger and a Coke, please.

"A cheeseburger and a Coke." とだけ言うと、つっけんどんに聞こえますので、かならず後ろに "please" をつけるようにしてください。

◆ I'll have [take] a cheeseburger and a Coke.
◆ Give me a cheeseburger and a Coke.

などと言うこともできます。"Give me..." はぶしつけな表現では……と思われる読者もいるかもしれませんが、言い方しだいです。フレンドリーな表情で言えば失礼ということはありません。カジュアルな店ではよく耳にする表現です。

031 | ママ、きょうの晩ごはんは何？

"menu" は「一覧表」

日本人の英語

❌ What's the menu today, Mom?

最近、このように発想してしまう若者を見かけます。「メニュー」と言えば、レストランなどで見かける料理の一覧表。それからコンピュータのメニュー（コマンドの一覧表）を指します。つまり、メニューとは「一覧表」のことなのです。

◆ Select "copy" from the drop-down menu.
（ドロップダウン・メニューから"コピー"を選んでください）

ネイティブの英語

Mom, what's for dinner?

「ママ、きょうの晩ごはんは何？」は、このように言います。それが朝食や昼食であれば、"dinner" のところを "breakfast" や "lunch" にすればよいのです。

「ママ、何をつくってくれるの？」と聞くこともよくあります。その場合は次のように言います。

◆ Mom, what are you making?

032 面白い人たちにたくさん出会うことができた。

「(幸運にも)……ができる」= "get to..."

日本人の英語

❌ I could meet lots of interesting people.

"could" は、過去において「〜する能力があった」であり、現在と未来に関する可能性をあらわして「〜することもありえる」です。

ネイティブの英語

I got to meet lots of interesting people.

「幸運にも……できた」を英語では、
・I was so lucky that I was able to...
・I got the chance to...
・I got to...
などで表現しますが、ここでは口語でよく使われる〈get to ＋動詞の原形〉を覚えましょう。「幸運にも……する・(希望がかなって)……する機会に恵まれる」と言いたいとき、ネイティブは "get to..." を使います。

◆ She often got to go overseas on business.
（彼女は仕事でたびたび海外に行く機会に恵まれた）

第1章 日本語と英語の発想の違い

033 | ダメなものはダメ。

"No is no." は伝わるでしょうけど……

日本人の英語

? No is no.

「ノーはノーである」と考えたのでしょうね。おそらく伝わるでしょうが、このような英語表現はありません。

ネイティブの英語

No means no.

相手の要求を突っぱねるとき、ネイティブはこのような決まり文句を口にします。

もうひとつ。「私の目が黒いうち（＝私が生きているあいだ）は絶対にダメだ」にあたる表現があります。

A：Please, Daddy. Let me marry Tony.
（お願い、パパ。トニーと結婚させて）

B：Over my dead body.
（それだけは絶対にダメだ）

「（やるなら）私の死体を乗り越えてからやれ」というわけです。

034 （携帯に）メールします。

"e-mail" か "text" か

日本人の英語

❌ I'll e-mail you.

これだと「パソコンに電子メールを送るよ」になってしまいます。

日本人はパソコンであれ、携帯であれ、「メール」はすべて "e-mail" という単語を使う傾向がありますが、英語では分けて用いています。ちなみに、"e-mail" は、名詞でも動詞でも、どちらでも使えます。

ネイティブの英語

- I'll send you a text.
- I'll text you.

携帯に「メールする」は "text" という単語を使います。

text message（携帯メール）が "text" になり、さらには動詞としても使われるようになったのです。

◆ Text me if you're running late.
（遅れそうだったら、携帯にメールください）

035 あそこの料理はインスタ映えするよね。

「インスタ映え」をどう言いあらわす?

日本人の英語

❓ The food there is good for Instagram.

「あそこの料理はインスタグラムに適している」と発想する人が多いようです。たぶんつうじるでしょう。でも、ネイティブはこのように言っていません。

ネイティブの英語

・The food there is Instagrammable.
・The food there is Insta worthy.

インスタグラムは人気のSNSですが、「インスタ映え」をネイティブはこのように言いあらわしています。

"Instagrammable" は、Instagram（インスタグラム）と able（〜に適した）を合体させた単語です。

"Insta worthy" は〈Instagram + worthy〉のことで、「インスタグラムに載せる価値のある」という意味です。

◆ She's proud of her Instagrammable bentos.
= She's proud of her Insta-worthy bentos.
（彼女はインスタ映えするお弁当づくりが自慢だ）

036 うまくいくように願っているよ。

「指をクロスする」

日本人の英語

❌ I wish it goes well.

"I wish (that)..." につづく節の内容は、実現できそうもない願望をあらわします。
◆ I wish I knew her contact information.
（彼女の連絡先を知っていればなあ）

ネイティブの英語

I'll keep my fingers crossed.

ネイティブは、願望と期待を込めて「うまくいくといいですね」と言うとき、「指をクロスしている」（keep one's fingers crossed）という表現をよく使います。

また、このように人指し指と中指をクロスして十字架をつくり、幸運を願います。

037 急用が入ってしまったので、ちょっと遅れます。
「急用」を英語で

日本人の英語

❌ I got a sudden job. I'll be a little late.

「急用」は "a sudden job" と言ってしまいがちです。おそらくネイティブは、"I got a sudden job." を「新しい仕事についた」（I got a new job.）のだと勘違いするでしょう。

ネイティブの英語

Something has come up, so I'll be a little late.

「急な用事ができた」を、ネイティブ・スピーカーはこのように言いあらわします。「あることがもち上がった」というあいまいな表現をするのです。"come up" は「（問題や困難が突然）起こる」です。

◆ I didn't go to the party because something came up.
（急用ができたので、パーティーには行かなかった）

038 | カレンとメグには共通点がありますか？

"have ... in common" という定型

日本人の英語

❌ Is anything in common between Karen and Meg?

「AとBには共通点がありますか？」を日本人は、"Is anything in common between A and B?" という形で言いあらわそうとしますが、ネイティブにはそういう発想がありません。

ネイティブの英語

Do Karen and Meg have anything in common?

ネイティブは、have ... in common（……を共通にもっている）という決まった表現を使って言いあらわそうとします。答え方としては、次のようなものがあります。

◆ Yes, they have a lot in common.
（ええ、たくさんあります）
◆ No, they have nothing in common.
（いいえ、まったくありません）

第1章 日本語と英語の発想の違い

039 私の車で行こうよ。

交通手段のあらわし方

日本人の英語

❌ Let's go by my car.

ネイティブ・スピーカーがこのように言うことはありません。"by" の後ろには、無冠詞の交通手段をおきます。無冠詞にするのは、名詞を抽象的に捉えているためです。

◆ We went there by car.
（私たちは車でそこへ行った）

この "by car" には、ほかの交通手段（たとえば "by train"）ではなく、「車（という手段）で行った」という比較意識があることが読みとれます。

ネイティブの英語

Let's take my car.

ネイティブはこんなふうに言います。この take（乗って行く・利用する）は、具体的な交通手段・乗り物を目的語とします。

◆ We took Paul's van because it seats eight.
（8人座れるので、ポールのヴァンで行った）

040

右膝が痛い。

"hurt" を使いこなそう

日本人の英語

❌ My right knee has a pain.

"pain" は「(肉体的な) 痛み」で、お医者さんがよく使う単語です。
◆ Do you feel any pain?
(痛みはありますか？)

ネイティブの英語

My right knee hurts.

「○○に痛みがある」と言う場合、ネイティブは hurt (痛む) という動詞を用いて言いあらわそうとします。
◆ My stomach hurts.
(胃が痛い)
◆ He says his ear hurts.
(片方の耳が痛む、と彼は言っている)
◆ Does the cut hurt?
(傷、痛む？)
体のどこの部位が痛もうが、〈主語 + hurt(s).〉で言いあらわすことができます。

041 | あの看板には何と書いてあるの?
"say" を使いこなそう

日本人の英語

❓ What is written on that sign?

「あの看板には何が書かれているのですか?」と頭の中で作文して、このように言うのではないでしょうか。文法的にも正しく、言おうとしていることも伝わります。しかし、ネイティブ・スピーカーがこのように言うことはまずありません。

ネイティブの英語

What does that sign say?

ネイティブは「あの標識は何と言っているの?」と発想します。"say"は、看板だけでなく、本、手紙、時計、Tシャツ、メール、ラベルなどを主語にして用いることもできます。

◆ What does your tattoo say?
　(そのタトゥー、何て書いてあるの?)
◆ Her text says she'll be 30 minutes late.
　(携帯メールによると、彼女、30分遅刻するって)

042 今回だけは許してやろう。

"only this time" vs. "just this once"

日本人の英語

? I'll forgive you only this time.

今回は「今回だけは」を英語にしてみましょう。日本人は「今回だけは」を「今回のみ」と言い換えて、"only this time"とする傾向があります。言おうとしていることはおおよそ理解できますが、ネイティブは通例、"only this time"を「今回のみ」ではなく、「しかし今回は」の意味で用いるのです。

◆ It was like a dream, only this time it was real.
（夢のような出来事だった。でも今回は現実の出来事だった）

ネイティブの英語

I'll forgive you just this once.

日本語の「今回だけは・今回に限り」にあたる表現は、"just this once"です。例外的に許可を与えたり求めたりするときに用います。強調の"just"をつけずに"this once"とすることもありますが、たいてい"just this once"とします。

Column いただきます。

英語にならない日本語①

　食事のとき、日本人は「いただきます」と言います。
　これを英語にして、
　⑦ I will receive this meal.
としたら、英米人は、突然、何を言い始めたのだろう、とポカンとするでしょう。
　英米では、敬虔なクリスチャンは食前にお祈りをしますが、何も言わずに食べ始めてしまう人もたくさんいます（ある調査では、アメリカ人のおよそ半分がお祈りをしているそうです）。それどころか、妻（夫）や恋人がそろうまえに勝手に食事を始めてしまうマナー違反の人もいます。
　食べ始めるまえに何か言葉を発する人がいるとすれば、それはゲストを迎えたホストか、あるいは料理をつくった本人です。

◆ Let's eat.
　（さあ、食べましょう）
　「どうぞ、召しあがってください」という感じで声をかけます。
　これに対して、ゲストは、

◆ Everything looks good!
　（どれもおいしそう！）
　などと言います。

文法の誤解

043 シャツに卵がついているよ。

冠詞のつかない "egg"

日本人の英語

❌ You have an egg on your shirt.

シャツに卵が1個、そのまま付着している図を想像なさってください。とっさに、「そんなのありえない」と思われるはずです。そう、この英文はそんな状態をあらわします。

ネイティブの英語

You have egg on your shirt.

卵は、1つ2つ……と数えられる名詞（可算名詞）だと思い込んでいる学習者がいます。しかし、シャツについた卵を1つ2つ……と数えられるでしょうか。問題は、卵をどう認識しているかです。

シャツにこぼした卵がちょっぴり付着しているのをイメージしてください。その卵は明確な形をもたない卵です。ですから、冠詞の "a" はつかないのです。

つまり、不定冠詞（a / an）のついた名詞は明確な形をもつ個体をあらわし、不定冠詞のつかない名詞は明確な形をもっていないのです。

044 | 彼女はブロンドの髪をしている。
毛髪を数える?

日本人の英語

❌ She has blonde hairs.

1本1本の髪の毛は「数えられる名詞」ですから、
◆ I found a hair in the soup.
（スープに髪の毛が1本入っていた）
◆ You have two hairs on your collar.
（衿に髪の毛が2本ついているよ）
のように言うことができます。

ネイティブの英語

She has blonde hair.

頭髪は1人につき平均で約十数万本もあると言われています。もはや数えられない無数の髪の毛の集合体です。
◆ He has long hair.
（彼は長髪だ）
つまり、"hair"はその数が少ないときは「数えられる名詞」なのに、数が多くなると、髪の毛全体がひとつのまとまりとして認識され、「数えられない名詞」になってしまうのです。

045 | 彼には友だちが ほとんどいない。
"few" と "a few" の違いを強調するけれど

日本人の英語

❓ He has few friends.

"few" は「ほとんどない」という否定的な意味。"a few" は「少しはある」という肯定的な意味。大事なことは、この2つの使い分けが話し手の意識によるウンヌン……このような説明を学校でくりかえし聞いてきたのではないでしょうか。しかし、ネイティブにとっても、冠詞の "a" がついているかどうかは聞き取りづらいのです。

ネイティブの英語

- He has only a few friends.
- He doesn't have many friends.

only a few（ごくわずかの）にしたり、否定語を入れて not many（あまり〜ない）とすれば、聞き違いによる誤解がなくなるので、あえてこのように言うのです。
このことは little（ほとんどない）と a little（少しはある）についてもあてはまり、only a little（ごくわずかの）/ not much（あまり〜ない）とします。

046 彼女は退屈していた。

"bored" か "boring" か

日本人の英語

❌ She was boring.

"bore" は、「退屈させる」という動詞。"bored" は、「(人が) 退屈して」という形容詞。"boring" は、「(人を) 退屈させる」という形容詞。日本人の場合、「"退屈していた" だから過去進行形だ」という発想があり、"She was boring." としてしまいがちです。しかし、これだと「彼女は退屈な女性だった」という意味になってしまいます。

ネイティブの英語

She was bored.

英語という言語では、人の感情にはたらきかける動詞は他動詞であることが多く ("bore" は「退屈する」という自動詞ではなく、「退屈させる」という他動詞)、過去分詞 (~*ed*) で「(人が) ~して」となり、現在分詞 (~*ing*) で「(人を) ~させる」となります。

したがって、ここでは、She was bored.(彼女は退屈していた)としなければなりません。

047 | 授業は4月3日から始まります。

「行事」の予定は現在形で

日本人の英語

? Classes will begin on April 3.

未来のことに言及しているので、"will" を入れるというのが日本人の発想です。しかし、ネイティブに "will" を入れるという発想はありません。

ネイティブの英語

Classes begin on April 3.

行事、催し、自然界の出来事など、確実に起こりうる予定や予測は現在形を用いてあらわします。

◆ Exams begin on Monday.
（試験は月曜日から始まります）
◆ The train leaves at 2:15.
（電車は2時15分に出発します）

このように、日程表や時刻表などにあらかじめ書き込まれていること、つまり変更不可能な行事や計画は、その実現がもはや確実に起こるものだと考えて現在形が用いられます。

048 | 仙台に住んで2年になる。

「過去」と「現在完了」の違い

日本人の英語

❌ I lived in Sendai for 2 years.

これだと「（過去に）仙台に2年間住んでいた」になってしまいます。

◆ I lived in Sendai for 2 years, but now I live in Sapporo.
（仙台に2年間住んでいたが、いまは札幌で暮らしている）

ネイティブの英語

I have lived in Sendai for 2 years.

現在完了（have *done*）は、「過去に起きたこと（*done*）をもっている（have）」と考えることができます。つまり、現在完了は「過去に生じた行為や出来事が現在とつながっている」ことをあらわしています。

◆ I have lived in Sendai for 2 years but I'm going to move to Sapporo next month.
（仙台に住んで2年になるが、来月札幌に引っ越します）

049 もう30分も待ったのよ!

進行形で「苛立ち」をあらわにすることも

日本人の英語

? I have waited for 30 minutes!

　正しい英文です。がしかし、「30分待った」という事実を伝えているだけのように聞こえます。

ネイティブの英語

I have been waiting for 30 minutes!

　こうすることによって、生々しいイライラが相手に伝わります。進行形（be ～ *ing*）にすることで、話し手の苛立ちを伝えることができるのです。これは進行形の知られざる一面です。
　以下の2文でさらに理解を深めましょう。
① She always complains about her husband.
② She is always complaining about her husband.
　ともに「彼女はいつも夫のことをぼやいている」という意味ですが、②の英文からは「まったく、彼女はいつも夫のことをぼやいているんだから」という話し手の苛立ちが伝わってきます。

050 リー先生は私に、入院しなければならないと言った。

間接話法の "must"

日本人の英語

❌ Dr. Lee said I must have stayed in the hospital.

日本人は「時制の一致」に敏感です。「過去」(said)に一致させようとして、従属節を "must have done" としてしまいがち。これだと「リー先生は私に、あなたは入院したにちがいない、と言った」になってしまいます。

ネイティブの英語

Dr. Lee said I had to stay in the hospital.

直接話法に変換した文を見てみましょう。
◆ Dr. Lee said, "You must stay in the hospital."
(「入院しなければいけませんね」とリー先生は私に言った)

間接話法の従属節において、〈過去の義務〉をあらわす場合、"had to" を使うのがもっとも一般的です。"must" をそのまま用いてもいいのですが、口語では "had to" を使います。

第2章 文法の誤解

051 | すぐに痛みはやわらいだので、ケイは起き上がることができた。

"could" と "was able to" の違い

日本人の英語

(?) Soon the pain started to go away and Kay could get up.

　日本人の英語学習者は、「〜できた」を "could" であらわそうとします。しかし、ネイティブは "could" を、仮定法の条件節が省略された〈能力・可能〉として受けとる傾向があります。

◆ I could do it better myself.
（私ならもっと上手にできるよ）

ネイティブの英語

Soon the pain started to go away and Kay was able to[managed to] get up.

　過去に一度「できた」出来事は、"could" ではなく、"was able to" や "managed to" を用いるのがふつうです。ただし、否定文の場合は、"Soon the pain started to go away and Kay couldn't get up." のように、"couldn't" でかまいません。

052 | 新しくできたラーメン屋さん、おすすめだよ。
"had better" は警告表現

日本人の英語

❌ You'd better try the new ramen shop.

"You had better" は「〜したほうがいい」という穏便な助言ではなく、むしろ警告に近い響きをもっていて、言われたとおりにしないと何か悪いことが起きるという意味合いを含んでいます。

◆ If you have a fever, you'd better go to the clinic.
（熱があるんだったら、医者に行きなさい）

ネイティブの英語

・You should try the new ramen shop.
・You ought to try the new ramen shop.

日本人は "You should" や "You ought to" を「〜すべきだ」と重々しく受けとめてしまいますが、ネイティブは「〜してみたら」（助言・推奨の表現）と軽い感じで使っています。"You should" よりも、"You ought to" のほうがいくぶんカタく感じられます。

053 ニューヨークにいるのだから、ミュージカルを観るのも悪くないわよ。

"might as well〜" に慣れよう

日本人の英語

❌ Since you're here in New York, you had better see a musical.

前項で述べたとおり、"You had better 〜" は強い調子の忠告で、「〜しなさい（さもないと、困ったことになる）」にあたります。

ネイティブの英語

Since you're here in New York, you might as well see a musical.

「〜するのも悪くない」と言うときは、"might as well 〜" を使います。Since... + might as well 〜（……なので、〜するのも悪くない）というように、接続詞の since とセットで用いられることが多いということも覚えておきましょう。

◆ Since we've got tickets, we might as well go.
（チケットがあるんだから、行ってみようか）

054 | 来月、シドニーへ行く予定です。

"will" は「いま決めた」意志

日本人の英語

❓ I will go to Sydney next month.

"will" は、話しているその時点での意志をあらわします《意志の表明》。つまり、そうすると決めた場合にのみ用いられるのです。ですから、"I will go to Sydney next month." は「そうだ、来月、シドニーへ行こう」という意味になってしまいます。

ネイティブの英語

I'm going to go to Sydney next month.

いっぽう、"be going to" は「〜することに確実に向かっている」わけですから、「すでに立てた予定」を述べるときにふさわしい表現と言えましょう《近接未来の表明》。

"will" が「いま決めた意志」であるのに対し、"be going to" は「あらかじめ決められていた予定」なのです。つまり、"will" と "be going to" の使い分けのポイントは、「いつそれを決めたのか」にあります。

055 〔ホテルのフロントで〕お支払いはどういたしますか?
"will be 〜ing" という丁寧表現

日本人の英語

? How will you pay?

 正しい英文ですが、ストレートすぎます。丁寧さがまったく感じられません。あくまでも「どう支払いをするの？」であって、「お支払いはどのようになさいますか？」という丁寧表現ではありません。

ネイティブの英語

How will you be paying?

 "will be 〜*ing*" を多くの日本人は誤解しています。英語学習者の多くは「〜していることになるだろう」（未来進行形）とだけ覚えていますが、未来のある時点における動作の進行をあらわすだけではありません。
A：I'll be arriving at your office at 11:00.
 （では、11時に御社にお伺いいたします）
B：I'll be waiting for you.
 （お待ちしております）
 自然の成り行きや決められた予定を述べる控えめな丁寧表現でもあるのです。

056

小さな頃、ジョンはポーチで何時間もギターを弾いていたわ。

過去を懐かしむ "would"

日本人の英語

? John played the guitar on the porch for hours when he was a kid.

英文としては何の文句のつけようもありませんが、過去を回想して懐かしんでいる様子が伝わってきません。ただ、事実を述べている文にすぎません。

ネイティブの英語

John would play the guitar on the porch for hours when he was a kid.

"would" は、「過去の反復的行為」をあらわし、「よく～したものだ」と訳すことができます。この "would" に関して、ほとんどの日本人が知らないのは、「懐かしさを込めて用いる」ということと、during summer vacation（夏休みのあいだ）とか when I was a kid（子どもの頃）のように「時・期間・頻度をあらわす語句を伴う」という2点です。

057 以前はよくスキューバダイビングに行きました。

"used to" は過去と現在の対比

日本人の英語

❌ I would go scuba diving.

「以前はしていたが、いまはしていない習慣」や「以前は存在したが、いまは存在しない状態」について言及するときは、"would" ではなく、"used to" を用います。

ネイティブの英語

I used to go scuba diving.

"used to" は、「現在の習慣や状態」と「過去の習慣や状態」が "対比" される場合に用い、「以前は〜していたが、いまはしていない」とか「以前は〜があったが、いまはない」などと訳します。

A：Do you play tennis?
（テニスをやるの？）
B：I used to, but I've given it up.
（むかしはね。でも、もうやめちゃった）
◆ There used to be a Chinese restaurant here.
（かつてここに中華料理店があったんだ）

058 | ヒロシマの悲劇を二度と繰り返すな！

「ノー・モア・ヒロシマ!」でいいのか？

日本人の英語

❌ No more Hiroshima!

「ノー・モア・ヒロシマ！」と言ったり、"No more Hiroshima!" とプラカードに書いたりしているのをよく見聞きしますが、そのたびに落ち着かない気分になります。

というのは、"Hiroshimas" と複数形になっていないからです。「２つめのヒロシマをつくってはいけない」わけですから、"more Hiroshimas" に "No" と言わなくてはならないのです。

ネイティブの英語

No more Hiroshimas!

「ノー・モア・ヒロシマ！」を英語で世界に発信するのなら、ぜひこのように "Hiroshimas" と複数形にしていただきたいと思います。

同様に、「もうこれ以上、核兵器はいらない」のなら、
◆ No more nuclear weapons!
のように複数形（weapons）にします。

059 彼女がつくったケーキはおいしかった。

"which" と "that" の違い

日本人の英語

❓ The cake which she made was good.

ちゃんと伝わるでしょう。でも、関係代名詞の目的格である "which" を使うと、ネイティブの耳にはカタく響き、またブッキッシュ（文語的）に聞こえます。

ネイティブの英語

The cake (that) she made was good.

ネイティブはこのように "that" を使うか、省略してしまいます。

また、日本人は「関係代名詞の目的格の "which" は "that" と交換可能である」と習っていますが、ネイティブ（とくにアメリカ人）には、"which" は補足説明のための継続用法（関係代名詞の前にコンマがある）との認識があります。

◆ The cake, which it took me two hours to make, was terrible.
（あのケーキ、2時間かけてつくったんだけど、ひどかった）

060 ここは私が生まれ育った町です。

「関係副詞」は〈前置詞+ which〉で置き換えられる

日本人の英語

❌ This is the city which I was born.

This is the city.（これは町である）と I was born in the city.（私はこの町で生まれた）を関係代名詞（代名詞のはたらきをする関係詞）でつないだ場合、
◆ This is the city in which I was born.
となります。
"I was born the city." とは言えませんから、
❌ This is the city which I was born.
❌ This is the city that I was born.
などとすることはできません。

ネイティブの英語

This is the city where I was born.

この "where" は関係副詞（副詞のはたらきをする関係詞）で、〈場所をあらわす前置詞+ which〉で置き換えることができます。
◆ This is the city in which I was born.
= This is the city where I was born.

061 ラスカルっていうのは、私と暮らしているネコなの。
先行詞が「愛する猫」の場合

日本人の英語

❓ Rascal is a cat which lives with me.

先行詞が「動物」の場合、関係代名詞はふつう "which" か "that" を用いる —— と日本の学校では習います。しかし、ペットを飼っている人なら、自分の飼っている、それも名前をつけて可愛がっている家族のような動物を"モノ"扱いしたくないと思うはずです。

ネイティブの英語

Rascal is a cat who lives with me.

というわけで、このように言うのがふつうです。
先行詞が「人間・ペット」の場合は、主格の関係代名詞は "who" でも "that" でもどちらでもいいので、
◆ Rascal is a cat that lives with me.
と言いあらわすこともできます。
また名前をもっているペットは"それ"ではなく、"彼"や"彼女"として紹介されます。
◆ This is Rascal. He's three years old.
（ラスカルっていうの。3歳です）

062 留守のあいだ、ネコたちの世話は隣の家の人がしてくれます。
受動態を使いすぎる日本人

日本人の英語

(?) My cat will be taken care of by my neighbor while I'm away.

　日本人は中学生のときに受動態を熱心に習います。しかし、ネイティブは日本人が思っているよりも受動態の文を好みません。受動態はぎこちなく、まどろっこしいとの印象があります。
　受動態は〈何がなされる〉のかに重点を置いた話法であるのに対し、能動態は〈誰が何をする〉のかを明確にする話法なのです。

ネイティブの英語

My neighbor will take care of my cat while I'm away.

　とりわけ動作の主体が明らかな場合は、〈誰が何をする〉という能動態が好まれるということを覚えておいてください。

063 | 神戸で生まれて、大阪で育ちました。
2つの態が混在する違和感

日本人の英語

❓ I was born in Kobe and grew up in Osaka.

文法的に正しいです。しかし、私はこの英文に訂正の手をくわえたくなります。なぜでしょうか。

それは、1つの文に能動態と受動態が混在しているからです。

ネイティブの英語

I was born in Kobe and was raised in Osaka.

このように受動態でそろえれば、違和感なく受け入れられます。

しかし、いつでも受動態でそろえられるかというと、そうではありません。そうした場合、ネイティブは主語を新たに立てて表現しようとします。

◆ I was born in Kobe, and I grew up in Osaka.

このように言えば、何のぎこちなさも感じません。

064 | 部屋を散らかしていたので、ママに叱られちゃった。

"scold" の蔓延

日本人の英語

❓ I was scolded by my mom for making a mess.

日本人は「叱られる」ときたらすぐに "be scolded" が思い浮かぶようですが、ずいぶん古めかしく聞こえます。

「お小言を頂戴した」というニュアンスがあり、このような英文はもはや古い小説の中にしか見出せません。

ネイティブの英語

My mom yelled at me for making a mess.

日本人は「叱られた」と受動態であらわそうとしますが、英語では「○○が叱った」と能動態で言いあらわします。

"yell" は「大きな声でどなる→叱る」という語で、この単語を使えば、日本人の言う「叱る」というニュアンスを出すことができます。

◆ The teacher yelled at me today.
（きょう学校の先生に叱られちゃった）

065

自転車を盗まれちゃった。

日本人の英語

❌ I was stolen my bike.

steal（こっそり盗む）は二重目的語をとる動詞ではないので、受動態（be stolen）になった場合、後ろに名詞が残ることはありません。
◆ My bike was stolen.
とするならＯＫですが、どちらかと言えば、
◆ Somebody stole my bike.
のほうをよく使います。

ネイティブの英語

I had my bicycle stolen.

なんらかの〈被害〉を受けたとき、ネイティブは、"have A *done*"であらわそうとする傾向があります。

"have"はもともと「もっている」ですが、「状況をもつ・経験する」という意味をもつようになりました。

"have A *done*"は「Aが〜される状況をもつ」→「Aを〜される（目にあう）」と考えられているのです。

066 | 妻が帰宅したら、折り返し電話させます。

〈当然〉の "have"

日本人の英語

❌ I'll make my wife call you back as soon as she comes home.

"make A *do*" は、「(意志を無視して) Aに無理やり～させる」〈強制〉です。したがって、上の英文だと、「いやがる妻に無理やり電話をかけさせます」という意味になってしまいます。

ネイティブの英語

I'll have my wife call you back as soon as she comes home.

"have A *do*" は、立場や職務を考えて、「Aに～させる」〈当然・義務〉というときに使います。常識的に考えて、「妻に電話させる」のは夫として当然である、と伝えているのです。

◆ I'll have the bellboy take up your bags.
（お荷物はベルボーイに運ばせます）
◆ I had my hairdresser lighten my hair.
（美容師に髪の毛を明るい感じにしてもらった）

第2章 文法の誤解

067 | 私たちは札幌で知り合いました。
"become to *do*" という英語表現はない

日本人の英語

❌ We became to know each other in Sapporo.

"become" に "to *do*" を後続させることはできません。そもそも 〈become=come to be〜「〜である状態になる」〉という認識がネイティブ・スピーカーにはあり、〈become + to *do*〉は〈come to be + to *do*〉となってしまいます。to 不定詞がだぶるので、"become" の後ろに "to *do*" を置くという発想はありません。

ネイティブの英語

We came to know each other in Sapporo.

「(自然に・偶然に) 〜するようになる」という場合は、"come to *do*" や "get to *do*" などの表現を使います。
「(学習して・経験から悟って) 〜するようになる」という場合は、"learn to *do*" を用います。

◆ She had already learned to speak French at 12.
（彼女は12歳のときにもうフランス語が話せるようになっていた）

068 | タイガースに勝ってほしいなあ。
"wish" か "hope" か

日本人の英語

❌ I wish the Tigers will win.

日本人の英語には、"I wish " と "I hope" の混同が見られます。
I wish...（……だといいのに）は、実現の難しい、または現実とは逆の状況を願うときに用います。

◆ I wish he were[was] here.
（ここに彼がいてくれたらなあ）

このように後ろの節内は、仮定法で言いあらわします。

ネイティブの英語

I hope the Tigers (will) win.

I hope...（……だといいのに）は、実現可能なことを「望む」であり、あとに続く節内では直説法であらわします。後ろの述語動詞は動詞の現在形と "will *do*" のいずれも可能ですが、動詞の現在形を用いた場合は確定した未来を示すので、話し手の強い願望を感じとることができます。

069 | たぶん（そうします）。
"maybe" の可能性

日本人の英語

(?) Maybe.

　日本人は、"maybe" という語をよく使います。しかし、その大半が間違って伝わっているのではないかと思われます。

A：Will you marry me?
　（僕と結婚してくれるかい？）
B：Maybe.
　（どうかしら）

　この "Maybe." は、「わからない」とか「たぶん、しないと思う」と訳してもいいでしょう。遠回しに "No." を暗示しているつれない返事なのです。

ネイティブの英語

Probably.

　日本語の「たぶん」は60～80％の可能性があると思われますが、そうした場合、英語では "probably" が対応します。"maybe" は50％ほどと考えておいたほうがいいでしょう。

070 お互いがんばりましょう。

「お互い= each other」ではない場合

日本人の英語

❌ Let's work hard each other.

　日本語の「お互い」は、同じ目標に向かって行動するようなときにも用いますが、英語の "each other" は、双方が相手に同じことをするという関係にあるときに用います。
　たとえば、I love you. + You love me. = We love each other.（私たちはラブラブよ）となるのです。
◆ My sister and I always make each other laugh.
　（姉と私はいつも互いを笑わせ合っている）

ネイティブの英語

Let's both work hard.

　"each other" は、双方が相手に向けて同じ行為をしている場合に用い、そうでない場合の「お互い」は、both（2人とも・両方とも）を用います。
◆ He and I both go to Nanzan University.
　（彼と私は互いに南山大学に通っている）

第2章　文法の誤解

071 | ほかに誰が来るの?
"else" の使い方

日本人の英語
❌ Who other is coming?

たしかに "other" を辞書でひくと、「ほかの・別の」と出ています。しかし、注意深く読むと、「形容詞の "other" は名詞の前で用いる」とも書いています。
◆ Any other questions?
（ほかにご質問は？）

ネイティブの英語

Who else is coming?

else（そのほかに）は副詞で、
① 疑問詞（who / what / how / why など）の後ろ
② 不定代名詞（something / everyone など）の後ろ
で用います。
◆ What else do we need?
（ほかに何が必要ですか？）
◆ Everyone else agreed.
（ほかのみんなは賛成した）

072 | 彼女は私よりも背が高い。

"than" の後ろ①

日本人の英語

◉ She is taller than I.

　伝統的な文法にのっとって考えてみますと、"She is tall." と "I am tall." という英文が比較されているわけですから、"than" の後ろは主格を用いるのが正しいはずです。しかし、この英文を見た（文法教師以外の）ネイティブは間違いなく違和感を覚えることでしょう。"She is taller than I am." とすれば、その容認度は上がりますが、これとて日常的な口語用法ではありません。

ネイティブの英語

She is taller than me.

　このように目的格を置くのがふつうです。というか、私自身、これ以外の英文を口にするネイティブに会ったことがありません。同じことが "as 〜 as" についてもあてはまります。
◆ She is as tall as me.
　（彼女の背丈は私と同じくらいです）

第2章　文法の誤解　095

073 | 私がボブを愛するよりも、メアリーはボブを愛している。
"than" の後ろ②

日本人の英語

❌ Mary loves Bob more than me.

上の英文は、
・Mary loves Bob.（メアリーはボブを愛している）
・Mary loves me.（メアリーは僕を愛している）
を比較しています。したがって、「メアリーは、私を愛するよりもボブのほうをより愛している」という意味になってしまいます。

ネイティブの英語

Mary loves Bob more than I (do).

これは、次の2つの文を比較して述べた文です。
・Mary loves Bob.（メアリーはボブを愛している）
・I love Bob.（私はボブを愛している）
以上のことからわかるように、"than" の後ろはかならずしも目的格がくるとはかぎらないのです。このように主格を置くこともあるのです。

074 | テストは思ったより ずっと難しかった。
比較級を強める "way"

日本人の英語

❌ That test was very harder than I expected.

"very" は、原級を強めることはできても、比較級を強めることはできません。
⦿ It's very easy.
❌ It's very easier.

ネイティブの英語

・That test was much harder than I expected.
・That test was way harder than I expected.

much(ずっと) は比較級を強めるはたらきをします。むろん、これでもいいのですが、ネイティブが口語でよく使っている "way" を知っている人はごくわずかです。

◆ The subway is way cheaper than a taxi.
（タクシーよりも地下鉄のほうがずっと安いよ）
この "way" は副詞です。

075 | 小田原に着くまで、カレンは眠っているだろう。
"until (the time)..." を使いこなそう

日本人の英語

❌ By the time we get to Odawara, Karen will be sleeping.

"by the time"は「〜するときまでには」という〈期限〉をあらわす接続詞ですから、

◆ By the time we get to Odawara, Karen will be awake.
（小田原に着くころには、カレンは目を覚ましているだろう）
という文なら、論理的につながります。

ネイティブの英語

Until (the time) we get to Odawara, Karen will be sleeping.

"by the time"と"until (the time)"の誤用が目立ちます。until（〜までずっと）は〈継続〉をあらわし、前置詞用法と接続詞用法の２つがあり、後ろに節（主語と述語動詞を含むもの）を導く場合は、しばしば"until the time..."とします。

076 | 帰宅して、ネコたちにエサをやった。
コンマが必要?

日本人の英語

❌ I fed the cats, when I got home.

日本人の書く文章を読んでいると、このような英文によく出くわします。まとまりのある内容をもてるように、ある文が別の文を補完する、そのような2文をつなぐ役割を果たす接続詞を「従位接続詞」(上の文の場合は when) と言います。そうした接続詞が文中で副詞節のはたらきをしている場合は、原則、その前にコンマをふって前文との結びつきを切ることはしません。

ネイティブの英語

I fed the cats when I got home.

このように、コンマをふらずに書くようにしてください。ただし、
❌ When I got home I fed the cats.
⭕ When I got home, I fed the cats.
のように、文頭に副詞節を導く従属接続詞を据えた場合はコンマが必要です。

077 | （列車は）まもなく名古屋に停車いたします。

"in" は〈領域〉、"at" は〈点〉

日本人の英語

❌ We will soon make a brief stop in Nagoya.

「彼女は名古屋に住んでいる」は、
◆ She lives in Nagoya.
と言えるのに、なぜ上記の文では "in Nagoya" とできないのでしょう。

ネイティブの英語

We will soon make a brief stop at Nagoya.

新幹線の電光掲示板にはこのような英文が流れます。これは名古屋が「空間的な広がりをもつ領域」（in）としてではなく、「停車する駅の中のひとつの点」（at）として認識されているためです。

"in" は、3次元的な空間で囲まれている中にあるといった意味を包含しており、そこから境界がぼやけた広い領域や平面空間などもあらわすのに対し、"at" は、空間や時間における〈点〉を意識したときに用いられます。

078

トマトは5個で400円です。

交換の "for"

日本人の英語

❌ Tomatoes are 400 yen at five.

「で」だから "at" と発想しているのでしょうが、"at" は〈点・割合・価格〉をあらわす前置詞なので、ここでは用いることができません。

◆ They serve good at a reasonable price.
（あそこの店は、手ごろな値段でおいしい料理をだす）

ネイティブの英語

・Tomatoes are 400 yen for five.
・Tomatoes are five for 400 yen.

この "for" は〈交換〉をあらわしています。日本語の「～と引き換えに」や「～の代わりに」や「～に対して」にあたります。お金・物品・好意・言葉などに対して用いられます。

◆ How much did you pay for the smartphone?
（そのスマホ、いくらで買ったの？）

◆ What's the word for "fox" in Japanese?
（"fox"〔キツネ〕は日本語で何と言いますか？）

第2章 文法の誤解

079 | 大阪にいるあいだに行きたいところはありますか?
"during" と "while"

日本人の英語

❌ Is there any place you want to visit during you are in Osaka?

前置詞の "during" は「〜のあいだ」という意味ですが、during rush hour（ラッシュアワーのあいだ）、during the festival（お祭りのあいだ）、during the rain（雨が降っているあいだ）などのように、後ろには名詞（句）しか置けません。

ネイティブの英語

Is there any place you want to visit during your stay in Osaka?

"during" とよく混同されるのが "while" ですが、"while" は前置詞ではなく接続詞なので、後ろには節（ＳＶ）を導きます。上の文は次のように言い換えることもできます。

= Is there any place you want to visit while you are in Osaka?

080 天井にハエが1匹いる。

"on" の基本イメージ

日本人の英語

❌ There's a fly in the ceiling.

"in" には、3次元的な空間で囲まれた〈内包〉のイメージがあります。

◆ There was no one in the house.
（家の中には誰もいなかった）

次に、その境界がぼやけた広い〈領域〉とも結びつくようになりました。

◆ I live in Gifu.
（岐阜に住んでいます）

ネイティブの英語

There's a fly on the ceiling.

前置詞 "on" の基本イメージは〈接触〉です。ハエは "ceiling" に〈接触〉していると考えられています。

◆ They live on an island.
（彼らは島で暮らしている）

これも、海に浮かぶ "台" のようなもの（＝島）に〈接触〉して「暮らしている」のだと考えられています。

081 | あとどのくらいで できあがりますか?

"How long?" と "How soon?"

日本人の英語

❌ How long will it be ready?

よくあるミスです。"How long?" は、〈期間〉を尋ねる表現です。

A: How long are you going to stay there?
（そこにどのくらい滞在されるのですか？）
B: For about a week.
（1週間ほどです）

ネイティブの英語

How soon will it be ready?

"How soon?" は、「どれくらいまもなくで？→あとどのくらいで？」です。「今」という時間を起点にしていることに注目してください。

A: How soon will the bus leave?
（あとどのくらいでバスは出発しますか？）
B: In about 10 minutes.
（およそ10分後です）

082 何か質問はありませんか?

「否定疑問は丁寧」という勘違い

日本人の英語

❌ Don't you have any questions?

　講演やプレゼンテーションが終わったあと、日本人は「何か質問はありませんか？」と聞きます。日本語の「ありませんか？」という否定疑問は、「ありますか？」よりも丁寧に響くようです。

　しかし、ネイティブはこの英文を「えっ、質問がないわけ？」と言ったと受けとります。「聴衆は質問して当然だ」という話し手の思い込みがあると感じられるのです。

ネイティブの英語

Do you have any questions?

　このように言います。Could you...?（……していただけませんか？）や Would you please...?（……してくださいませんか？）と同様、英語で依頼をするときは原則、肯定疑問で言いあらわすということを覚えておいてください。

◆ Does anyone have any comments or questions?
　（ご意見、ご質問、何かございますか？）

第2章　文法の誤解

083 どれくらいの大きさのアパートを探しているの?

〈How +形容詞+ a +名詞〉という語順の疑問文

日本人の英語

❌ How big apartment are you looking for?

日本人がよくやるミスがこれです。日本語の順番どおり、「どれくらい (how) 大きい (big) アパート (apartment)」と考えて、このようにやってしまうのです。おそらく伝わるでしょうが、文法的に正しい英文ではありません。

ネイティブの英語

How big an apartment are you looking for?

疑問詞 "how" の後ろに形容詞つきの名詞をとるときは、「How +形容詞+ a +名詞」という語順にしなければなりません。

◆ How big a box do you need?
（どれくらいの大きさの箱が必要なの？）
◆ How long a break can I take?
（どれくらい休憩がもらえるのですか？）

084 ママ、あと何日でクリスマスなの?

"How many more ... ?" という口語表現

日本人の英語

❓ Mom, how many days till Christmas?

これでも意味は伝えられますが、クリスマスを待ち遠しく思っている気持ちが伝わってきません。

ネイティブの英語

Mom, how many more days till Christmas?

このように "more" を入れることによって、クリスマスまでの日数を指折り数えている様子が伝わってきます。
◆ How many more days (are there) till ... ?
と考えられています。till / until には前置詞と接続詞、両方の用法があります。

・「あと何日で……?」
　How many more days till[until] ... ?
・「あと何年で……?」
　How many more years till[until] ... ?

Column 英語にならない日本語② ごちそうさま。

　家庭で、食事を終えると、日本人は口々に「ごちそうさま」と言います。つくってくれた人に「おいしかったよ」と感謝の気持ちを添えることもあります。

　こうした光景をはじめて目にしたとき、「日本人はなんて礼儀正しい人たちなんだろう」と驚いたことをおぼえています。いまもその気持ちに変わりはありません。

　ある和英辞典では、"I've had enough." を「ごちそうさま」としていますが、これは「もうたくさんだ」という失礼な言い方であって、けっして「ごちそうさま」にあたる表現ではありません。

　では、ネイティブは、食事を終えると、何と言うのでしょうか。

　多くの一般家庭では、いっさい何も言いません。食べて、それでおしまい。つくってくれた人に感謝の言葉を投げかけることもありません。味もそっけもないとはまさにこのことです。

　もちろん、よその家に招かれて、料理をふるまってくれた人にはきちんと感謝の言葉を述べます。

◆ That was a wonderful dinner!
（素晴らしいディナーでした）

第 3 章

語法の勘違い

085 そこまで手がまわらなかった。

"get around to A" という口語表現

日本人の英語

? I didn't do it.

英文としては正しいのですが、ただ「やらなかった」と言っているだけになってしまいます。「したいとは思っていたが、時間的な余裕がなかった」というニュアンスは出ていません。

ネイティブの英語

I didn't get around to it.

ネイティブ同士の日常会話ではよく用いられているのに、日本人の口からはほとんど聞かれることのない表現です。

"get around to A" は「Aに手をつける・Aをする暇ができる」という意味。口慣らしをしてみましょう。

◆ I'll do it when I get around to it.
（時間があったら、やっておきます）
◆ I haven't gotten around to fixing the door yet.
（ドアの修理まではまだ手がまわっていないんだ）

086 | 家まで送ろうかと彼は言ってくれた。
"offer" の使い方

日本人の英語

❌ He offered me to drive me home.

「オファー」はすっかり日本語のなかに入り込んでいますが、このような表現は不自然に聞こえます。

ネイティブの英語

He offered to drive me home.

ネイティブは、次の2パターンの "offer" をよく使っています。

① offer to *do*

「〜しようと申し出る」の意。❌ offer A to *do* という形では用いません。

◆ She offered to help me with my homework.
（彼女は宿題を手伝おうかと言ってくれた）

② offer A B

二重目的語をとって、「A（人）にB（もの・こと）を提示（提案）する」の意。

◆ Mark offered us 70,000 yen for the guitar.
（そのギターにマークは7万円出すと言った）

087 お勘定はどこで払うのですか?

"pay the bill" か "pay for the bill" か

日本人の英語

❌ Where do I pay for the bill?

pay for A（Aの代金を支払う）のAには、モノ・コト（サーヴィス）を置きます。
◆ Did you pay for the goods that were delivered?
（宅配便の代金を支払ってくれたの？）

ネイティブの英語

Where do I pay the bill?

勘定書・税金・借金・代償など、お金や代金を目的語にした場合は、前置詞 "for" を入れずに用います。
たとえば、夕食の代金を上司が支払ってくれた場合、
◆ Our boss paid for dinner.
と言ってもいいですし、the check（勘定書）を目的語にとれば、
◆ Our boss paid the check for the dinner.
と言いあらわすこともできます。

088 | ありがとう。たいへん感謝しています。

"appreciate" は他動詞

日本人の英語

❌ Thank you. I really appreciate.

「感謝しています」と丁寧にお礼を言いたいとき、日本人はよく appreciate（ありがたく思う・感謝する）という動詞を使います。しかし、この動詞は他動詞（目的語を必要とする動詞）なので、このように言うことはできません。

ネイティブの英語

Thank you. I really appreciate it.

このように目的語（it / your kindness / your help など）をつけて言わないといけません。また、目的語に人（you / him / them など）をとれないことにも注意してください。

◆ Thank you. I'm really grateful.

このように言いあらわすこともできますが、grateful（感謝している）はフォーマルな感じのする形容詞なので、日常の会話では、"I really appreciate it." と言うのが一般的です。

第3章 語法の勘違い

089 | 彼女はその男の外見を警察官に説明した。
"explain" ≠ "describe"

日本人の英語

❌ She explained the man to the police officer.

"explain" は、理由や方法などを示して、「(理解しにくいことをわかりやすく)説明する」です。人物の特徴を「描写する・説明する」というときには使えません。

ネイティブの英語

She described the man to the police officer.

"describe" は、聞き手(読み手)に明確なイメージを与えることができるように、「(特徴や詳細を言葉で)描写する・説明する」です。「〜の特徴を述べる」とか「〜についての様子を語る」と訳すこともできます。

A : How would you describe her?
(彼女って、どんな人?)
B : She works hard and is very ambitious.
(よく働くし、とても野心的だよ)

090 | 寒い冬になるそうだよ。
「～だと言われている」vs.「～だそうだよ」

日本人の英語

❌ It is said it's going to be a cold winter.

正しい英文です。
It is said ...（……だと言われている）は、高校生のときに習う表現で、日本の英語学習者のあいだではすでに定着していると言ってよいでしょう。しかしながら、この表現は教科書的で、いささかカタく感じられます。

ネイティブの英語

・People say it's going to be a cold winter.
・They say it's going to be a cold winter.
・I've heard it's going to be a cold winter.

日常会話では、これら3つの表現をよく使います。日本語の「～だそうだよ」とか「～だって聞いたよ」に近い言いまわしです。2つ目の "they" は「周囲の人々・世間の人たち」で、特定の「彼ら」ではありません。

091 料理上手だってよく言われるの。

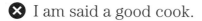

日本人の英語

❌ I am said a good cook.

「私は……だと言われている」を "I am said ..." と言うことはありません。また、It is said (that)...（確認する方法はないが……と言われている）という表現も思いつくかもしれませんが、この言いまわしは客観的な印象を与えるため、おもにニュースなどで好まれます。

◆ It is said depression is about 3 times more frequent in people who don't exercise.
（うつは、運動しない人のほうが約3倍発症しやすいと言われている）

ネイティブの英語

People tell me I'm a good cook.

誰かから直接聞いたときに使う表現に、People tell me...（私は……だと言われている）があります。

◆ I'm told (that) I'm a good cook.
と言うこともできますが、"People tell me..." のほうがより口語的です。

092

パリで素晴らしいときを過ごした。

"spend" か "have" か

日本人の英語

❌ I spent a wonderful time in Paris.

ネイティブは理解するでしょうが、不自然な英文です。
spend（過ごす）は〈spend ＋一定期間〉という使い方をしますが、「素晴らしい」（wonderful）などの形容詞をつけた時間（time）を目的語にとることはありません。

◆ I spent my summer vacation in Paris.
（夏休みをパリで過ごしました）

ネイティブの英語

I had a wonderful time in Paris.

同じ「過ごす」でも、「楽しい」や「ひどい」といった形容詞をつけた時間を「過ごす」ときは、〈have a ＋形容詞＋ time〉であらわします。

◆ Did you have a nice time on your date?
（デートは楽しかった？）
◆ I had a terrible time on my vacation.
（バカンスはさんざんだった）

第3章 語法の勘違い

093 うちの息子は、スペリング競技会に参加した。

「参加する」をめぐる誤解

日本人の英語

❌ My son attended a spelling bee.

"attend" は、会議・授業・結婚式・葬儀などに「出席する・参列する・顔を出す」です。ちなみに "spelling bee" とは単語の綴り（スペル）の正確さを競う競技会のことです。

ネイティブの英語

- My son participated in a spelling bee.
- My son took part in a spelling bee.

競技・討論などに「参加する」は "participate" を用います。その意味するところは、参加者・出場者としてなんらかの「役割を担う」（take part）ということです。

以下の2つを比べてください。

◆ His parents attended the school play.
（彼の両親は学芸会を見にやってきた）

◆ He took part in the school play.
（彼は学芸会で演じた）

094 油絵のクラスに申し込んだ。

「受講届を出す」は "sign up"

日本人の英語

❌ I applied for an oil painting class.

多くの人がこのように言ってしまいます。

"apply to A for B" は「A（人・組織）に B（職・許可など）を申し込む」ですが、とくに仕事に「応募する」、融資・パスポート・ビザ・自動車免許証などを「申請する」ときに用います。

ネイティブの英語

I signed up for an oil painting class.

「署名して入会する・参加の申し込みをする」ときは、"sign up" を用います。「名簿に名前を加える」（sign up）ことから、「登録する」（=register）とほぼ同じような使い方をします。というわけで、大学やカルチャーセンターなどの講座に「申し込む」、すなわち「受講届を出す」は、"sign up" を使うのです。

◆ If you want to be a member, you can sign up online.
（会員になりたければ、ネットで申し込んでください）

095 | その映画には誰が出ていますか?

"appear" は「突然現れる」

日本人の英語

❌ Who is appearing in that movie?

日本人はよくこのように表現しますが、これだと、「その映画では、誰が不意に現れることになっていますか?」になってしまいます。"appear" は、不意に「現れる」、突然「出現する」という意味だからです。

◆ Gina appeared on television yesterday.
（ジーナがきのうTVに出たのよ）

ネイティブの英語

Who's in that movie?

「出演する」ではなく、「出演している」と言いたいときは、このように be 動詞を使って〈状態〉をあらわします。

「その映画、主演は誰?」なら、star（主演する）という動詞を使って、

◆ Who's starring in that movie?
と言いあらわします。

096 観衆はマラソン走者たちに声援を送った。

意外と知らない "cheer on"

日本人の英語

❌ The crowd cheered up the marathon runners.

「チアリーダー」(cheerleader)からも推測できるように、"cheer"は「元気づける・励ます」の意。

そこで、日本人の多くは "cheer up" というなじみの慣用句を使うのですが、これは「声援を送る」ではなく、落ち込んでいる人を「元気づける・慰める」です。

◆ Cheer up! You'll win next time.
（元気だせよ！　次は勝てるさ）

ネイティブの英語

The crowd cheered on the marathon runners.

"cheer on A" は「Aに声援を送る・Aに喝采を送る」です。この "on" は副詞なので、代名詞を目的語にとるときは、〈cheer ＋代名詞＋ on〉という語順をとります。

097 | 雨が降ると、関節が痛むんだ。

ある症状が「出る」は?

日本人の英語

❌ My arthritis comes up when it rains.

おそらく伝わるでしょう。でも、ネイティブがこのように言うことはありません。
"come up" は植物の芽や葉が「出る」のであって、症状が「出る」というときは使いません。
arthritis（関節）は、〔アース**ライ**ティス〕と発音します。

ネイティブの英語

❌ My arthritis acts up when it rains.

"act up" は、症状や痛みが「出る・活発になる」です。日本人の口からこの表現が聞かれることはめったにありません。手元にある英和辞典を数冊ひいてみると……果たして、載っていませんでした。

◆ Oh, my allergies are acting up.
（あ、アレルギーが出てきた）

◆ My eczema acts up more in the winter.
（冬になると湿疹がひどくなる）

098 | ワイングラスはどこへしまうの?

9割が知らない "go" の用法

日本人の英語

❌ Where should the wine glasses be kept?

このように言う日本人が多いのですが、これはネイティブの英語ではありません。

ネイティブの英語

Where do the wine glasses go?

ネイティブはこんなふうに言います。

この "go" は「(しかるべき場所に)置かれる・入れられる・しまわれる」です。場所をあらわす副詞(句)とともに用いられます。疑問詞 "where" とともに用いられることが多く、Where does S go?(S はどこに置く?・S はどこに入れる?・S はどこへしまう?)はネイティブが好んで使う表現です。

A:Where do the wine glasses go?
(ワイングラスはどこへしまうの?)
B:They go in the cabinet above the fridge.
(冷蔵庫の上にある棚に入れておいて)

099 | 明日の会議、イヤだなあ。
"look forward to" の反対表現は?

日本人の英語

❓ I hate tomorrow's meeting.

文字どおり、「明日の会議が大嫌いです」と言っているように聞こえます。
◆ I hate meetings.
（会議なんて大嫌い）
このように言うのならわかりますが、「明日の会議が大嫌い」と特定して言うのは不自然です。

ネイティブの英語

I dread tomorrow's meeting.

ネイティブ・スピーカーは「気がすすまない」とか「気が重い」という気持ちを "dread" という動詞を使って言いあらわします。look forward to A（Aを楽しみにして待つ）の反対表現との認識があります。
◆ I dread calling him.
（彼に電話するのは、考えただけでも気が重いわ）

100 夕方は大雨らしいよ。

誤解されている "expect"

日本人の英語

❌ It seems to me that we're having heavy rain in the evening.

It seems to me that...（私には……に思われる）は、主観的な判断に基づいて「思われる」というときに用いるのであって、天気の予測に用いることはありません。

◆ It seems to me that he is hiding something from you.
（彼は君に何かを隠しているように思われる）

ネイティブの英語

We're expecting heavy rain in the evening.

日本人は "expect" という動詞について勘違いをしています。多くの人はこの単語を「期待する」と覚え、よいことだけの予測に使っていますが、悪いことの予測にも使えるのです。

◆ We're expecting a typhoon.
（台風が来てるって）

101 | 申し込み用紙に記入してください。
fill out / fill in

日本人の英語

❌ Please write the application.

"write" は、中学生のときに習ったように、
◆ Write your name and address here.
（ここに名前と住所を書いてください）
と言えても、"write the application" と言うことはできません。

ネイティブの英語

Please fill out the application.

"fill out" は「（書類などに）必要事項をすべて記入する」です。辞書によれば、"fill in" でもよいことになっていますが、これはイギリス英語です。アメリカ英語にしたい場合は、ふつう "fill out" を用います。アメリカ人が "fill in" を使うときは、小さな部分（全体の一部）に「記入する・書き込む」ときです。
◆ Fill in each blank with the appropriate verb.
（各空所に適当な動詞を記入せよ）

102 牛乳は体質的に合いません。

"agree" の使い方を知ろう

日本人の英語

❌ Milk doesn't fit me.

"fit" は、大きさや形が「ぴったり合う」というときに用います。体質に「合う」というときには使えません。
◆ This shirt doesn't fit me.
（このシャツはサイズが合いません）

ネイティブの英語

Milk doesn't agree with me.

食べ物や飲み物が人に「合う」というとき、ネイティブは体と「一致する」と考えて、"agree" という動詞を使います。否定文で用い、また進行形にすることもありません。

A：Wine or coffee?
（ワイン、それともコーヒー？）
B：Coffee, please. Alcohol doesn't agree with me.
（コーヒーで。アルコールはダメなんだ）

103 駅にはどう行けばいいのですか？

プロセスに関心を向けている場合の「行く」

日本人の英語

❌ How can I go to the station?

日本人のよくやるミスです。ここで尋ねているのは、駅に行くまでのプロセスであって、「行く」という動きには関心を向けてはいません。

ネイティブの英語

How can I get to the station?

"get to A" は「Aに移動する・Aにたどり着く」で、Aという到着点までのプロセスに関心を向けています。

A：How can I get to the museum from here?
（ここから博物館へはどうやって行ったらいいでしょうか？）

B：See that bus station? Take the number 2 bus and you'll get there in about 10 minutes.
（あそこのバスターミナルが見えますか？ 2番のバスに乗れば、10分ぐらいで着きますよ）

104 | ネットで住所を調べてあげましょう。
"search" と "look up"

日本人の英語

❌ I'll try searching the address on the Internet.

「調べる」というと、日本人の頭に浮かぶのは "search" であるようです。"search A for B" は「B（という物）はないかと A（という場所）を捜す」です。

◆ The police searched the house for drugs.
（警察はドラッグはないかと家中を調べた）

では、次の英文はどうでしょうか。

⁇ I'll search the Internet for the address.

伝わるでしょうが、なんともぎこちなく、自然な表現とは言えません。

ネイティブの英語

I'll look up the address on the Internet.

ネイティブは、look up A on the Internet（ネットでAを調べる）という表現を使います。

「辞書でAを調べる」も、"look up A in the dictionary" と言います。

第3章 語法の勘違い

105 | なんなら私が駅まで送ってあげようか。
"be glad to" の誤解

日本人の英語

? I'll be glad to drive you to the station.

"I'll be glad to～" は、発言者の積極性を強く感じさせる表現といってよいでしょう。日本語の「喜んで～します」にあたると考えられ、「～してもかまわない」というニュアンスはありません（149ページも参照のこと）。

ネイティブの英語

I don't mind driving you to the station.

"I don't mind ～*ing*" は「喜んで～します」とか「すすんで～します」という積極的な意志を感じさせる表現ではなく、「～してもかまわない」という消極的な申し出です。要望や必要性があれば応じてあげてもよい、というときに用います。

読者のなかには、be willing to *do*（～するのもやぶさかではない）を思いついた人もいると思われますが、会議や交渉の場などで用いられるカタい表現なので、日常会話で耳にすることはまずないでしょう。

106 このDVDは、日本で再生できますか?

"work" の考え方

日本人の英語

❌ Is this DVD played in Japan?

おそらく伝わるでしょうが、自然な英語ではありません。

◆ Does this DVD play in Japan?

このように言えば、ちゃんと伝わります。自動詞の"play"は「(CDや曲が)演奏される・(オーディオなどが)鳴る」です。

ネイティブの英語

Does this DVD work in Japan?

しかし一般に、機械が「動く」は、"work"という動詞を用います。"work"の基本概念は「主体(人・物)が本来の役割を果たそうとする」というイメージです。主語が労働者であれば「働く」ですし、学生ならば「勉強する」、計画ならば「うまくいく」、薬ならば「効く」、機械ならば「動く」です。

◆ This DVD doesn't work in Japan.
（このDVDは、日本では再生できません）

第3章 語法の勘違い

107 | 舞台に近い席は8,000円します。
"take" と "cost" の違い

日本人の英語

❌ The seats near the stage take 8,000 yen.

"take"は「かかる」ですが、時間や労力が「かかる」ときに用います。
◆ This work takes time and labor.
（この仕事は時間と労力がかかる）

ネイティブの英語

The seats near the stage cost 8,000 yen.

"cost"は、費用が「かかる」です。多くの場合、〈こと・もの〉を主語にして、「それにかかる金額」を目的語とします。
◆ This jacket cost 70,000 yen.
（この上着は7万円した）
◆ I hear around-the-world cruises cost several million yen.
（世界一周の船旅は数百万円かかるんだって）

108 おつき合いしている人はいますか?

日本人の1割しか知らない

日本人の英語

❌ Do you have a special person?

日本語では、「おつき合いしている人はいますか？」を「いい人はいるの？」とか「特別な人はいるの？」と言ったりしますが、英語でこのように言うことはありません。

ネイティブの英語

Are you seeing anyone?

"see" という動詞を使っていますが、「会う→デートする→つき合う」となったのです。この意味では、"be seeing" の形で用います。

◆ Are you going out with anybody?
◆ Are you dating anyone?
　このように言うこともできます。

A : Are you seeing anyone?
　（つき合っている人がいるの？）
B : Actually, I'm seeing someone.
　（ええ、いるわ）

109 | 「ほっといて」と彼女は言った。
知られざる "go"

日本人の英語

◎ She said, "Leave me alone."

正しい英文です。
しかし、ネイティブがよく使う下の英文を口にできる日本人はまずいません。

ネイティブの英語

She goes, "Leave me alone."

"go" という動詞に注目してください。話者の言ったことをそのまま再現する場合に用いられ、同時に声色や動作をまねることも多々あります。臨場感を出すため、過去のことでも現在形で用います。

◆ She was like, "Leave me alone."

この "be like" は、日本語の「……って感じだった」（実際に口にしたかどうかははっきりしない）にぴったりの言いまわしです。表現しにくい感情を示すときに用います。映画やドラマでは、これでもかというほど頻繁に出てくるのに、これについて言及している辞書や参考書がほとんどないのは残念でしかたありません。

110 旅行はどうだったの?
"travel" と "trip" の常識

日本人の英語

❌ How was your travel?

多くの日本人は "travel" と "trip" をごちゃまぜで使っています。なかには、「旅行」(名詞) も「旅行する」(動詞) もすべて "travel" でまかなっているという人もいるようです。

ネイティブの英語

How was your trip?

travel (旅行する) は動詞で使い、trip (旅行) は名詞で使うというのが、ネイティブの「常識」です。

◆ We're planning a trip to South America.
(私たち、南米への旅行を計画中なの)

◆ Someday I want to travel around the world.
(いつか世界一周旅行をしてみたいな)

日常生活で "trip" を動詞で使うときは「旅行する」ではなく、「つまずく」です。

◆ I tripped over my dog's toy.
(イヌのおもちゃにつまずいちゃった)

第3章 語法の勘違い

111 ここは電波がよくありません。

キーワードは "reception"

日本人の英語

❌ The connection is not good here.

「つながりがよくない」と考えて、"connection" とする人がいますが、"connection" は人との「関係・つながり」であり、交通機関の「連絡・接続」であって、「受信状態」を指すことはありません。

ネイティブの英語

The reception is not good here.

携帯電話・TV・ラジオの「受信状態」や「受信能力」のことを英語では "reception" と言います。「受け入れること→受信」と考えてみればわかりやすいでしょう。

signal（映像や音声などの「電波信号」）という単語を使うこともあります。

◆ The signal is weak here.
（ここは電波が弱い）
◆ I can't get a signal.
（電波を受信できない）

112 ここでスマホを充電できますか?
"charge" の意味

日本人の英語

❓ Can I power my smartphone here?

新幹線の中で、若い女性たちの、以下のような会話を耳にしました。
「充電するって、英語でなんて言うの?」
「わかんない。"power" でいいんじゃない?」
power（勢いをよくする）……ひょっとしてつうじるかもしれませんが、ふつうこのような言い方はしません。

ネイティブの英語

Can I charge my smartphone here?

語源の話をすると、"charge" は、「負荷をかける」→「責任を負わせる」→「代金を負わせる」→「モノを押し込む」→「銃に装塡する」→「電池を充電する」などの意味をもつようになりました。

◆ Is there a place where I can charge my computer?
（パソコンを充電できる場所はありますか?）

第3章 語法の勘違い

113 ひどい日焼けをしちゃった。
"suntan" と "sunburn" の違い

日本人の英語

❌ I got a bad suntan.

真っ赤に腫れあがった腕を見せながら、英語でこのように言った人がいるとします。みなさんは、どこがおかしいと思いますか。

"suntan" というのは、魅力的な褐色の「日焼け」のこと。つまり、「(ほどよい) 日焼け」を指して使う言葉なので、こうしたときは使わないのです。

◆ I have a suntan because I played golf yesterday.
（きのうゴルフをしたので、いい具合に焼けたわ）

ネイティブの英語

I got a bad sunburn.

いっぽう "sunburn" は、「日焼け＋やけど」を意味する単語で、「(痛みを伴う) 日焼け」を指して使われます。

◆ I am sunburned because I forgot my sunscreen.
（日焼け止めを忘れたので、こんなになっちゃった）

114 日本全国、送料は無料です。

"delivery" vs. "shipping"

日本人の英語

❓ Delivery is free all over Japan.

ネイティブ・スピーカーは理解するでしょう。でも、いささかしっくりきません。

ネイティブの英語

Shipping is free all over Japan.

"delivery"と"shipping"はひじょうに似ています。日本語の「配達」と「運送」の関係に等しいと言ったら、わかってもらえるでしょうか。

"delivery"は近隣を対象にした、花、ピザ、寿司などの「配達」を意味します。

◆ That flower shop offers free delivery.
（あの花屋さんは無料で配達してくれる）

いっぽう、"shipping"は広域を対象にした、通販店やオンラインショップによる「運送」を指します。

◆ That online store has free shipping.
（あのオンラインショップは送料が無料です）

115 | 私たちはその問題に答えを出さなくてはならない。

"solve a question" という奇妙な英語

日本人の英語

⁇ We have to solve the question.

　語と語の結びつきをコロケーション（連語関係）と言いますが、ネイティブ・スピーカーの頭の中には、
- solve a problem「問題を解く」
- answer a question「問題（質問・設問）に答える」

というコロケーションがあります。

ネイティブの英語

We have to solve the problem.

　上で述べたコロケーションを使いましょう。なお "problem" は「対処や理解が困難な事柄」ですが、しばしば否定的に響くので、とくに議論の対象となるような「問題」は "issue" と呼ぶ傾向があります。

◆ My team raised the issue and settled it.
　（うちのチームが問題を提起し、解決したのだ）
- settle an issue「問題を解決する」

　"issue" は、議論・論争を「解決する」という意味の "settle" と結びつきます。

116 | 電話くれる？急ぎじゃないけど。

"emergency" は命にかかわる「緊急事態」

日本人の英語

❌ Call me back. It's not an emergency.

"emergency" は、交通事故にあったなどの「突発的な緊急事態」で、ネイティブは命にかかわるような危機的状態をイメージします。

ネイティブの英語

Call me back. It's not urgent.

"urgent" は「緊急の・せっぱ詰まった」という形容詞です。

◆ I'm afraid I can't make it today. Something urgent has come up.
（きょうは都合がつきそうにないわ。急用ができちゃったの）

また、急ぎの仕事を上司からやるように言われたとか、急にクライアントに会うことになったなどの「（業務上）急を要する」も "urgent" を用います。

◆ She called an urgent meeting yesterday.
（昨日、彼女は緊急会議を招集した）

117 うちは5人家族です。

"persons" か "people" か

日本人の英語

❓ There are five persons in my family.

言おうとしていることはわかります。しかし、このように言うネイティブ・スピーカーはいません。

ネイティブの英語

There are five people in my family.

辞書をひけば、"person" の複数形として、"persons" と "people" の2つが載っていますが、日常会話では "people" を使うのがふつうです。

◆ We need a conference room big enough for 30 people.
（30人ほどが入れる会議室が必要だ）

いっぽう、"persons" は公文書や告知文などのカタい文書で散見されるのみです。

◆ This ride is not recommended for persons with heart problems.
（この乗り物は心臓疾患のある方にはおすすめできません）

118 | 交替で運転しよう。

"in turn(s)" を使いたがるニッポン人

日本人の英語

? Let's drive in turn.

文法的には正しい英文です。そこで、ネット翻訳で「交替で運転しよう」を英語にしてもらうと、やはり"Let's drive in turn." という表現があらわれました。

でも、ネイティブ・スピーカーにはひじょうに不自然に感じられます。というか、古めかしく聞こえるのです。

"in turn(s)" はかつて「交替で」の意味がありましたが、現在では「順番で・次々と・一人一人」の意味で使うのがふつうです。

ネイティブの英語

Let's take turns driving.

その代わりによく使っているのが take turns ~*ing*（交替で~する）です。

◆ The kids took turns riding the unicycle.
（子どもたちは交替で一輪車に乗っていた）

119 この3日間、ずっと雨ですね。

"these three days" と習うようですが……

日本人の英語

? It has been raining these three days.

辞書や参考書は「この3日間」は "these three days" であらわす、としています。気になったので、生徒たちに聞いてみると、「学校でもそう教わる」とのこと。

ひじょうに古めかしく聞こえるせいか、ネイティブがこのように言うのを一度も聞いたことがありません。

ネイティブの英語

・It has been raining for the past three days.
・It has been raining for the last three days.

ネイティブは for the past three days / for the last three days などの表現を使います。

◆ I've been busy for the past month.
  （この1か月ずっと忙しかった）
◆ It's been really hot for the last few weeks.
  （この数週間、ずっと暑いわね）

120 冬になると、インフルエンザがはやります。
"popular" と "common" の考え方

日本人の英語

❌ Flu is popular in winter.

「流行している・はやっている」ときたら、日本人の頭に真っ先に浮かぶのは "popular" のようです。

しかし、"popular" は「人気がある・みんな大好きで」とも訳せるように、ものごとを「好み」の点から論じているということを見逃してはなりません。

◆ Purple is popular this year.
（今年は紫がはやっていますね）

ネイティブの英語

Flu is common in winter.

いっぽう "common" は、happening often（よく起こる）であり、existing in many places（多くの場所で存在する）です。

つまり、「人気」の点はいっさい考慮に入れない「ありふれている」であり、「どこでも見かける光景である」という形容詞なのです。

第3章 語法の勘違い

121 生野菜はあまり好きじゃない。

「新鮮な」か「生の」か

日本人の英語

❌ I don't really like fresh vegetables.

多くの人がこのように言ってしまいます。
広告などを見ると、「フレッシュな野菜」と書いてあります。たしかに "fresh" は「とれたての」という意味の形容詞ですから、正しい使い方だと言えます。しかし、「とれたての野菜はあまり好きじゃない」と言うでしょうか。言いませんよね。

ネイティブの英語

I don't really like raw vegetables.

"raw" は「調理していない・未調理の・生の」という意味の形容詞です。「生野菜」は "raw vegetables" と言います。
"fresh" と "raw" の使い方を以下で確認しましょう。

◆ Only the freshest fish is used for sashimi because it's served raw.
（刺身は生で出すので、新鮮な魚しか使われません）

122 | ただ聞いてみただけ。
"curious" を使えるか

日本人の英語

❌ I just asked.

日本人はよくこのように言いますが、これだと、「いま聞いたばかりです」という意味になってしまいます。

ネイティブの英語

(I was) Just curious.

何か質問をしたあと、「ただ聞いてみただけ」とか「ちょっと聞いてみたくって」と言いますが、英語では"curious"を使ってこのように言います。"curious"は「好奇心が強い」ですが、「ただ聞いてみただけ」という軽いニュアンスで用います。

◆ (I was) Just asking.
（ちょっと聞いただけ）
◆ (I was) Just wondering.
（ただ気になっただけ）
などと言ってもかまいません。

123 | イタリアへ留学するのに お金がたくさん要るの。
"much" の誤用

日本人の英語

❓ I'll need much money to study in Italy.

「大金」を "much money" とする日本人が目立ちます。たしかに、辞書を引けば、"much" は不可算名詞につく形容詞として「多くの」の意味をもつ、と出ています。

ですが、"much" は否定文・疑問文で用いるのが一般的な用法です。

◆ I didn't have much money in those days.
（当時はあまりお金がありませんでした）
◆ How much money do you need?
（いくら必要なの？）

ネイティブの英語

I'll need a lot of money to study in Italy.

肯定文では、"much" の代わりに、"a lot of" や "lots of" を用います。
◆ He spends lots of money on guitars.
（彼はギターにお金をかけている）

148

124 | 喜んでやらせていただきます。

"be willing to *do*" と "be happy to *do*"

日本人の英語

❌ I'd be willing to do that.

日本人の多くは "be willing to *do*" を「喜んで〜する」と覚えていますが、「〜してあげてもかなわない」とか、「〜するのもやぶさかでない」というニュアンスで用います。

◆ I'd be willing to do that
（なんなら、やってあげてもいいよ）

ネイティブの英語

・I'd be happy to do that.
・I'd be glad to do that.

"能動的積極性" を表明したいとき、ネイティブはこのように、"happy" や "glad" を使います（130ページも参照）。もっと積極的な気持ちを押し出したければ、

◆ I'd be delighted to do that.

のように、delighted（大喜びで）を使うこともあります。

第3章 語法の勘違い

125 小さくてほとんど見えない。

"hardly" は否定の副詞!

日本人の英語

❌ It's so small that I can't hardly see it.

日本人がよくやる間違いがこれです。"hardly" は「ほとんど」ではなく、「ほとんど〜ない」(almost not) にあたる否定の副詞です。したがって、"can't" の後ろに "hardly" を置くと、二重否定 (a double negative) を形成してしまいます。

ネイティブの英語

It's so small that I can hardly see it.

このようにしなくてはなりません。"hardly" は否定語であることを忘れないでください。

また、"hardly" と "barely" を混同している例も見かけます。"hardly" は否定的な意味で用いますが、"barely" は「かろうじて〜する」のように肯定的な意味で用います。

◆ We barely fit in the small tent.
（私たちはかろうじて小さなテントの中に収まった）

126 彼女はめったに外出しない。

"seldom" はもはや日常語ではない

日本人の英語

❓ She seldom goes out.

seldom（めったに～ない・ほとんど～ない）は、フォーマルで、いくぶんカタい響きがあるため、日常会話でネイティブが "seldom" を使うことはありません。

◆ She rarely goes out.

また、rarely（ごくまれにしか～ない）はスタンダードな表現で、日常会話でも耳にしますが、けっしてカジュアルな表現とは言えません。

ネイティブの英語

She hardly ever goes out.

"seldom" の代わりに、よく用いられているのが、"hardly ever" という表現です。

◆ Native speakers hardly ever use "seldom" in daily conversation.
（日常会話でネイティブはめったに "seldom" を使いません）

127 すぐに降りてらっしゃい。

"soon" には「切迫感」がない

日本人の英語

? Come downstairs soon.

〈すぐに = soon〉と覚えている学習者が多いのですが、"soon" は切迫感がなく、「のんびり感」が漂っています。

"soon" を定義すれば、in a short time from now（しばらく時間を経たあとに）であって、日本語の「ただちに」ではなく、「まもなく」なのです。

◆ The bus will come soon.
（バスはそのうち来るさ）

ネイティブの英語

Come downstairs right now.

「ただちに・今すぐ」の意味では "right now" を使います。"at once" や "immediately" も、"right now" と同じ意味を伝えますが、"immediately" はややカタい響きをもちます。

128 | 2人きりの時間が あまりないわね。
"alone" の使い方

日本人の英語

❌ We don't have much time just two.

"just two" を「2人だけで」という意味の副詞として用いることはできません。

ネイティブの英語

We don't have much time alone.

"alone" には「ひとりで・単独で」という意味があります。
◆ I like to travel alone.
（ひとり旅が好きです）
多くの日本人が使いこなしています。
しかし、「自分たちだけで」という2人（2個）以上をひとまとめにして用いることを知っている人はわずかです。
◆ My husband and I took a trip alone, without the kids.
（夫と2人だけで旅行したの。子ども抜きでね）

129 どこか暖かいところへ行こうよ。たとえばハワイとかさ。

"for example" は書き言葉で

日本人の英語

? Let's go somewhere warm, for example Hawaii.

　日本人の英語を聞いていると、"for example" という表現が頻繁に出てきます。
　しかしながら、この表現はネイティブの耳には、書き言葉のようにひじょうに堅苦しく聞こえます。ざっくばらんな日常会話では、まず耳にしません。

ネイティブの英語

Let's go somewhere warm, like Hawaii.

　ネイティブは "like" を多用します。書き言葉では "for example" が好まれ、話し言葉では "like" が用いられる——このように覚えておいてください。

◆ I'm in the mood for something sweet, like ice cream.
（甘いものが食べたいなあ。アイスクリームとかさ）

130

〔「ほんとう?」と聞かれて〕
もちろん!

"Of course!" はどう響く?

日本人の英語

? Of course!

Is it true?（ほんとうですか？）と問われて、
◆ Of course!
とだけ答えたとします。
ネイティブ・スピーカーの耳には、「あたりまえだよ。(そんなことも知らないのか)」と言っているように聞こえます。言われたほうは、おちょくられているように感じるはずです。

ネイティブの英語

Yes!

このように答えるのが無難です。ただし、頼みごとをされたときに、"Of course!" と答えれば、丁寧さをもった意欲を伝えることができます。

A : Are you coming to the our party?
（パーティーには来てくれるね？）
B : Of course! I'm looking forward to it.
（もちろん。楽しみにしているよ）

131 | パイが好き。とくにアップルパイが。
"especially" vs. "specially"

日本人の英語

❌ I love pie, specially apple pie.

「とくに」のところに注目してください。
"specially" は、目的や用途に応じて「とくに」と言いたいときに用います。
◆ I made this dark chocolate specially for you.
（このビターチョコは、とくにあなたのためにつくりました）

ネイティブの英語

I love pie, especially apple pie.

"especially" は、同種のなかで１つだけを強調して「とくに」と言いたいときに使います。上の文の場合、数あるパイのなかでアップルパイが「とくに」好きなわけですから、"especially" を用います。
◆ Kyoto is always beautiful, especially in the spring.
（京都はいつも美しいけれど、とくに春がいいわね）

132

〔「なぜそんなに早く行ったの?」と聞かれて〕
前のほうの席を取ろうと思ってね。

"why" に対しては "because" だけではない

日本人の英語

❌ Because I got a seat up front.

「なぜ〜?」という質問に対して、多くの日本人は "Because" で応じ、その後ろに「結果」(= 前のほうの席を取った)を置いてしまいます。「原因・理由」(= I wanted to get a seat up front)を置くのだったらいいのですが、「結果」を置くことはできません。

ネイティブの英語

To get a seat up front.

A：Why did you go there so early?
B：(I went early) To get a seat up front.

このように考えられているのです。

日本人は "Why" で尋ねられたら、"Because" で答えるようにと教わっているようです。"Why" に対して、「〜しようと思ってね」と応じる場合、ネイティブは To do (〜するために)で始めることがひじょうに多いのです。

第3章 語法の勘違い

Column 英語にならない日本語③ 行き帰りのあいさつ

「行ってきます」にあたる決まった表現はありません。
◆ I'm leaving.
（行ってきます）
◆ I have to go.
（行くね）
◆ Bye. I'll be back by 5:30.
（じゃあね。5時半に戻るからね）
このように言う人がいるいっぽう、
◆ See you!
（じゃあね）
と簡単にすませてしまう人もいます。
「ただいま」もとくに決まり文句はありません。顔を合わせたら、
◆ Hi.
のように言ったりはします。
子どもが帰宅を告げて、
◆ I'm home, Mom!
（ママ、ただいま！）
と大きな声をあげることもあります。
「おかえりなさい」に相当する英語もありません。
◆ Hi.
これですませてしまう場合もよくあります。

第 4 章

マナーの非常識

133 〔玄関先で〕どうぞ。

"Please." のその先は?

日本人の英語

❌ Please.

　日本人の英語で、最もよく耳にするのは "Please." です。しかし、"Please." だけだと、何を言っているのかまったくわかりません。

　なかには、日本語の「どうぞ、どうぞ」をそのまま "Please, please." に置き換えてしまう人がいますが、これにいたっては論外です。

ネイティブの英語

Please come in.

　このように言わないと、「どうぞ（お入りください）」の意味は伝わりません。どのような行為を促しているのかをはっきりと言うのです。

　そして居間に招き入れたら、"Please." だけではなく、
◆ Please have a seat.
（どうぞお座りください）
と声をかけて、くつろいでもらいましょう。

134 ジョンさん、ちょっとよろしいですか?
ファーストネームに "Mr." はつけない

日本人の英語

✗ Mr. John, can I talk to you a minute?

　姓がハリスンで、名がジョンという人がいたとします。その場合、ジョンがファーストネームになります。
　日本人がよくやる間違いのひとつに、ファーストネームに "Mr." をつけてしまうことがあります。

ネイティブの英語

John, can I talk to you a minute?

　英語では、ファーストネームに "Mr." や "Mrs."、"Miss" や "Ms." はつけないのです。
　では、いきなり初対面の人にファーストネームで呼んでいいかというと、そうではありません。それが目上の人であれば、ちゃんと敬称を姓につけて呼ぶべきです。
　親しみを感じ始めたら、向こうから、
◆ Just call me John.
（ジョンと呼んでください）
と言ってくるはずです。

135 〔レストランで〕ウェイターを呼ぶ
大声をあげないのがマナー

日本人の英語

❌ Hey, you, Waiter!

ロサンゼルスの高級レストランで、初老の日本人男性が大声でこのように言っているのを見かけたことがあります。私が、ドキっとして、クラっとなったのは言うまでもありません。欧米では、手を叩いたり、大声をあげたりしてウェイターを呼ぶのは不作法きわまりないことなのです。

ネイティブの英語

無言で、頭よりほんの少し高く手をあげる。

ウェイターの注意をひくための最も一般的なしぐさは、ウェイターと視線が合うまで待ち、視線が合ったら、頭よりほんの少し高く手をあげます（人さし指を立てる人が多い）。
あるいは近くを通りかかったウェイターに、

◆ Excuse me.
（あのう、ちょっと）
と言って呼び止めるとよいでしょう。

136 | 彼女はホテルのサービスにクレームをつけた。

「クレームをつける」は "claim"?

日本人の英語

❌ She claimed about the hotel service.

日本人がよく使っている「クレームをつける」を "claim" で置き換えても、おそらくつうじないでしょう。"claim" は「当然の権利として要求する」という動詞であり、「賠償請求」という意味をもつ名詞です。「苦情を言う」とか「文句を言う」の意味はありません。

ネイティブの英語

She complained about the hotel service.

日本語で言うところの「クレーム」を、英語では complain（苦情や文句を言う）や complaint（苦情・文句）という語を用いてあらわします。

◆ He complained to his neighbor about the noise.
（彼は隣の人に騒音のことでクレームをつけた）
また、「彼はクレーマーだ」は、
◆ He's always complaining.
◆ He complains all the time.
などと言います。

第4章 マナーの非常識

137 | IDをお返しします。
"Here's 〜 back." というフレーズ

日本人の英語

❌ I'll return your I.D.

これだと、いま思いついたというニュアンスが出てしまい、「そうだ、ＩＤを返却しよう」という意味になってしまいます。また、"return" は、借りたものを「戻す・返す」ですが、カタい響きがあるので、このようなシチュエーションで用いることはありません。

ネイティブの英語

Here's your I.D. back.

"Here's 〜" は、モノを差し出して「はい〜をどうぞ」です。

◆ Here's my passport.
（私のパスポートです）

これを応用して、"Here's 〜 back." とすれば、「(借りていた) 〜をお返しします」になります。借りていたものを返すときの便利なフレーズです。

◆ Here's your pen back.
（ペン、お返しします）

138 注文したものとは違います。

"order" がキーワード

日本人の英語

❌ This is different.

あるレストランで私が耳にした表現がこれです。これだと、「これは変わったものですね」の意味になってしまいます。

ネイティブの英語

This is not what I ordered.

「これは注文したものではありません」と言えばちゃんと伝わります。

◆ I didn't order this.
（これは注文していません）
と言うこともできます。
また、注文した料理などがなかなか来ないときは、

◆ What I ordered hasn't come yet.
（注文したものがまだ来ないのですが）

◆ Could you check on our order?
（注文がとおっているか確認していただけませんか？）
などと言います。

第4章 マナーの非常識

139 支払いは割り勘にしよう。

"go Dutch" は差別的に響く

日本人の英語

❓ Let's go Dutch.

「割り勘にする」について、日本人は go Dutch（オランダ式でいく）という表現を使いたがりますが、これはオランダ人に対して差別的に響くので避けるべきです。

この表現はイギリスとオランダが軍事・貿易において覇権を競っていた17世紀に端を発します。ライバル意識が昂じて、オランダ人を見下した表現が英語のなかに入ったというわけです。

ネイティブの英語

Let's split the bill.

各人が均等に負担する場合は、「勘定書（the bill）」を「均等に割る（split）」という表現を用います。

また、自分の飲み食いした分だけをそれぞれ支払いたければ、get separate checks（別々の勘定書をもらう）という表現を使います。

◆ Let's get separate checks.
（別々で払いましょう）

140 ねえ、みんな、映画を見に行こうよ!
"you guys" は女性に対しても使っていい?

日本人の英語

? Hey, you, let's go see a movie!

もちろん、言わんとしていることは理解できます。しかし "Hey, you" は「おい、おまえ(ら)」に近く、たいへん失礼に聞こえます。さらに言うと、"you" だけだと、単数なのか複数なのかわかりません。

ネイティブの英語

Hey, you guys, let's go see a movie!

このように言えば、「ねえ、みんな」と親しげに呼びかける表現になります。

"guy" は単数の男性を示しますが、"guys" とすれば、複数の男性・複数の女性・複数の男女を指し示すことができます。なお、"go" の後ろの "and" や "to" は、会話ではよく省略されます。

◆ How long have you guys been dating?
（2人はどれくらいつき合っているの？）
◆ Hey, you guys! Where are you going?
（ねえ、みんな、どこへ行くの？）

141 どちらかというとやりたくない。
丁寧に断わりたいとき

日本人の英語

❓ I don't want to.

正しい英語表現ですが、これだと「やりたくない」という気持ちがストレートに伝わってしまいます。家族同士なら許容できるでしょうが、上司や同僚に対して使うと失礼にあたります。

ネイティブの英語

I'd rather not.

日本語の「(むしろ) 〜したくないのですが」にあたる控えめな拒絶表現がこれです。こうすれば丁寧さが伝わります。省略をせずに、

◆ I'd rather not do that.

と言うこともよくあります。

A: Let's all share a pizza for lunch.
(お昼にピザをみんなで食べようよ)
B: I'd rather not have pizza. I'm on a diet.
(ごめん、ピザは遠慮する。ダイエット中なの)

142

[「いい天気ですね」と言われて]
ええ、ちょっと肌寒いけどね。
"though" の副詞用法

日本人の英語

◎ Yeah, but it's a bit cold.

誤りのない英文です。

Beautiful day.（いい天気ですね）と言われて、「ええ、ちょっと肌寒いけどね」と返す場合、日本人は"but" を用いて、上のように言いがちです。しかし、"but" は相手の発話内容への不同意を示すので、不本意な気持ちが色濃く出てしまいます。

ネイティブの英語

Yeah. It's a bit cold, though.

相手の発言の一部を否定して、「もっとも～ですがね」とか「でも、～ですよ」とやんわり言いたい場合、副詞の "though" を使います。ちなみに、"although" にこのような副詞用法はありません。

A：It's a bit spicy.
（ちょっとスパイシーだね）
B：Yeah. It's good, though.
（うん、でもおいしい）

第4章 マナーの非常識

143 | 1万円貸していただけませんか?

依頼表現についての誤解

日本人の英語

❌ Will you lend me 10,000 yen?

"Will you ... ?" は、指示を出したり、要求を突きつけたりするときに使う表現です。ときに、怒りをあらわすときにも用いられます。「〜してくれませんか?」ではなく、「〜してくれないか?」というニュアンスです。お金を借りる側の人間が使う表現ではありません。

ネイティブの英語

Could you (possibly) lend me 10,000 yen?

"Could you (possibly) ... ?" は丁寧な依頼表現です。
お金の貸し借りは、どこの国においても「おおごと」です。ですから、丁寧な依頼表現で打診しましょう。

◆ I was wondering if you could possibly lend me 10,000 yen?

I was wondering if you could possibly ...(……していただけたらと思いまして)という表現も会話ではよく耳にします。

144

難しいです。
（=ご要望には添えません）

「難しい」から、どうなの?

日本人の英語

❌ It's difficult.

日本人は、こう言ったまま口をつぐんでしまいます。「難しいので、できません」ということを伝えたいようです。しかし、ネイティブの感覚で言えば、"It is difficult." は「難しいけど、やってやれないことはない」という意味なのです。

ネイティブの英語

・I'm sorry, but I don't think I can help you.
・I'm afraid I won't be able to do that.

「ご要望に添えない」のなら、「できない」ことをはっきりと伝えるべきです。

「難しいが、やってみましょう」と言いたいのならば、
◆ I'll see what I can do.
と言うことをお勧めします。

この "see" は「たしかめる・調べる」で、what / where / how / if などの前でよく用いられます。

第4章 マナーの非常識

145

〔同意をあらわして〕そうね。

同意の相づち

日本人の英語

❓ I think so, too.

　相手の言ったことに同意するとき、私たちは「そうですね」と相づちを打ちます。日本人がよく使うのは "I think so, too." ですが、これは "I think..." への応答表現として用いるのがふつうです。

A：I think Prince was the best singer.
　（たしかにプリンスは最高の歌い手だったよね）
B：I think so, too.
　（そうね）

ネイティブの英語

I know.

　カジュアルな場では、ネイティブは頻繁にこの表現を使います。私もよく用います。

A：Gosh, it's cold.
　（いやあ、寒いね）
B：I know.
　（そうね）

146 | まあまあだった。
"so-so" という口ぐせ

日本人の英語

⑦ So-so.

日本人は、なんでも "So-so." で応じようとするきらいがあります。

私自身の経験を言うと、めったに使いませんし、耳にすることもそんなにありません。イギリスやオーストラリアの友人たちに聞いてみても、「ちょっと古めかしい感じがする」と言います。

ネイティブの英語

It was okay.

「まあまあだった」は、okay（OK と表記されることもあります）を使うのがふつうです。かならずしも最良とは言えないが、一応のレヴェルにあると言いたいとき、ネイティブは "Okay." とだけ言います。「最良ではない」というニュアンスを感じとってください。

なかには、不満げな顔をして言う人もいます。そういう場合は、「ほんとうはつまらなかったんだ」と思って間違いありません。

147 | 彼女、オメデタなんだ。
露骨すぎる "pregnant"

日本人の英語

? She is pregnant.

「妊娠している」という表現を辞書で引いてみると、pregnant（妊娠している）という単語に出くわします。しかし、アメリカでは数年前まで、"pregnant" という単語は下品な単語だと考えられていて、TVではなんと放送禁止用語でした。現在では、映画やTVドラマなどでも使われるようになりましたが、露骨でストレートな表現であることにはいまも変わりがありません。

ネイティブの英語

She is expecting.

日本語でも「オメデタだ」と言ったりするように、英語でもこうした婉曲話法を用いるのがふつうです。"expect" は「待ち受ける」の意味で、expect a baby（お産が近い）のことだと考えられています。

◆ She is going to have a baby.
　このように言いあらわすこともあります。

148 ちょっと酔っ払っちゃった。

"drunk" は品性を疑われる

日本人の英語

? I'm drunk.

おおやけの場で、とりわけ女性が "I'm drunk." などと言えば、品性を疑われること間違いありません。

英米社会は、日本のように酔っ払いに寛容ではありません。日本では一般に、お酒を飲めば、酔うのがあたりまえで、無礼講が許されるようですが、英米ではお酒はあくまでもたしなむものであって、ぐでんぐでんに酔っ払うなど、もってのほかなのです。

◆ Look! He's wasted. He's disgusting!
（見て！　彼、へべれけよ。もう最低！）

ネイティブの英語

I'm feeling good.

婉曲表現を使って、「ああ、いい気分」と言うことをおすすめします。

◆ I'm feeling a little tipsy.

あるいは、このように tipsy（ほろ酔いの）という形容詞を使えば、大目に見てくれるかもしれません。

第4章　マナーの非常識

149 | トイレはどこですか?

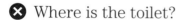
toilet / bathroom / restroom / lavatory の違い

日本人の英語

❌ Where is the toilet?

アメリカ人の耳には、ちょっと下品(vulgar)に聞こえます。それは "toilet" が「便器」そのものを意味するからです(とはいえ、イギリスやオーストラリアの家庭では、この表現が頻繁に使われています)。

ネイティブの英語

Where is the bathroom?

家庭におじゃまして、「トイレはどこですか?」と尋ねる場合は "bathroom" を使います。
ホテルやレストランなどの公共の場所では、
◆ Where is the restroom?
と尋ねます。
また、飛行機や列車に設置されている「(公衆)トイレ」は "lavatory" と呼んでいます。
◆ The lavatory is in the back of the plane.
(トイレは飛行機の後部にあります)

150 (あなたの)お母さんは何と言ったの?

Mom vs. your mom

日本人の英語

❌ What did Mom say?

大文字で始めて "Mom" とした場合は、「自分の母親」のこと。名前の代わりに用いているのです。一般に家族同士で用います。

A：Where's Mom?
　（ママはどこ？）
B：She's in the kitchen with Grandma.
　（おばあちゃんとキッチンにいるわよ）

大文字で始めた "Grandma" も「自分の祖母」を指しています。これも家族同士の会話で用います。

ネイティブの英語

What did your mom say?

友人と話をしていて、「友人の母親」を指す場合は、"your mom" とか "your mother" と言います。また、その友人に「自分の母親」のことを話す場合は "my mom" や "my mother" とします。

151 | 日本人は平和を愛する国民です。
排他的に聞こえる "we Japanese"

日本人の英語

(?) We Japanese love peace.

日本人の英語には we Japanese（私たち日本人）という表現が頻繁にでてきます。しかし、外国人には、ひじょうに排他的に聞こえてしまいます。日本人だけが平和を愛していて、他国の人は平和を愛してはいない、ともとれるのです。

ネイティブの英語

The Japanese love peace.

日本人を総称する表現として、
・the Japanese
・Japanese people
・Japanese（複数形）
・we Japanese

の4つがありますが、"the Japanese" が最も客観的で、"Japanese people" と "Japanese" が中立的、"we Japanese" は主観的で、きわめて排他的に聞こえます。

152 私とエリックは、先月別れたの。
自分は最後に!

日本人の英語

❓ I and Eric broke up last month.

文法的には正しい英文です。

日本人は「私と彼」のように、「自分と誰々」という言い方をしますが、英語では「自分」を最後にもってきます。これは習慣的な問題で、「自分」を先に置くと、やや自己中心的な感じがします。

ネイティブの英語

Eric and I broke up last month.

このように言うのがふつうです。これはコミュニケーションのマナーです。

目的語として置くときも同様で、「自分」を最後にもってきます。

◆ Could you give Lisa and me some advice?
（リサと私に何かアドヴァイスはありませんか？）

たまに「自分」を先にもってくるマナー違反をすることもありますが、たびたびでなければ大目に見てくれるでしょう。

153 なんてことだ!
神聖な名はみだりに口にしない

日本人の英語

? Oh, my God!

旧約聖書の十戒のひとつに「あなたは、あなたの神、主の名を、みだりに唱えてはならない」という文言があります。誓いをたてるときはべつとして、適切なときのみしか神聖な名は用いるべきではありません。

しかしながら、過剰を好むアメリカ映画では、怒りや驚きをあらわす感嘆詞として、"Oh, my God!" をよく耳にします。そこで、真似上手な日本人が「オーマイガッ!」とやるのですが、初対面の人や宗教心の強い人の前で口にするような言葉ではない、ということを知っておいてください。

ネイティブの英語

Oh, my gosh!

このように婉曲表現を使って、驚き・怒り・落胆をあらわします。Gosh! / Golly! / Goodness! などと言う人たちもいます。

154 | メリークリスマス!
キリスト教徒ばかりではない

日本人の英語

◎ Merry Christmas!

"Merry Christmas!" は多分に宗教的意味を含んでいるため、キリスト教以外の宗教を信仰している（と思われる）人には投げかけない傾向にあります。

なかには、"Merry Christmas!" と声をかけたら、

◆ I'm Jewish, so I don't celebrate Christmas.
（私はユダヤ人なので、クリスマスは祝いません）

と、はっきり言う人もいます。ちなみに、ユダヤ人たちは、以下のようなあいさつをします。

◆ Happy Hanukkah!
（楽しいハヌカー祭を！）

ネイティブの英語

・Happy holidays!
・Enjoy the holidays!

年末休暇のあいさつとしてスタンダードになりつつあるのがこれらです。宗教に関係なく使えるので、急に広まりました。

Column

英語にならない日本語④

お疲れさま。

　仕事の打ち上げで、数人で飲食を楽しんだあと、ぞろぞろと店の外に出ます。
　「じゃあ、これで」
　「お疲れさま」
　このような挨拶がよく交わされます。しかし、この「お疲れさま」にあたる英語の決まった表現はありません。

◆ Good night.
　（おやすみ）

◆ Take care.
　（気をつけてね）

　このような表現があてはまるシチュエーションもあるでしょう。
　残業をした部下に、上司が、

◆ Thanks for staying late tonight.
　（遅くまでご苦労さま）

と声をかけて、ねぎらうこともあります。
　同僚との会話では、

A：Good night.
　（お先に失礼）

B：See you.
　（お疲れ）

と挨拶を交わします。

第 5 章

カタカナ語の不思議

155 あとでラインするね。

「ラインする」や「ググる」を英語で

日本人の英語

? I will send you a message by LINE later.

文法的には正しい英文です。ネイティブ・スピーカーは理解するでしょう。でも、長いうえに、なんともぎこちなく、不自然に聞こえます。

ネイティブの英語

I'll LINE you later.

ネイティブはこのように動詞化して用います。表記するときは、ロゴのように大文字にするのが一般的です。Skype（スカイプする）は頭文字だけ大文字にします。

◆ I don't have time to Skype you right now.
（いまはスカイプする時間がないんだ）

google（ググる）はすべて小文字で使っています。

◆ I don't know where the restaurant is, but I can google it now.
（そのレストランの場所がわからないので、いまググってみるわ）

156 | そこはパワースポットだと言われている。

"power spot" とは?

日本人の英語

❓ That place is said to be a power spot.

「パワースポット」——いまや全国的に知られているカタカナ語。これを英語だと思っている人は、たくさんいるでしょう。

日本のアニメは、いまや "anime" として英語の中に入り込んでいますが、「パワースポット」は（まだ？）英語として認知されていません。いまのところ、完全な和製英語です。

ネイティブの英語

That place is said to have a special spiritual energy.

というわけで、spiritual energy（霊的なエネルギー）がある、と言えば伝わるでしょう。

◆ That place is thought to have mystical powers.

このように、mystical powers（神秘的な力）をもっていると言ってもいいでしょう。

157 あなたのマイブームについて教えて。

"boom" は「（世の中の）大流行」

日本人の英語

❌ Tell me about your boom.

そもそも「あなたのマイブーム」がおかしな言い方ですが……。"boom" は世の中の「にわか景気」や「大流行」をあらわす単語。one's personal trend（個人のトレンド）を指すことはありません。

ネイティブの英語

Tell me what you're into these days.

「あなたのマイブーム」は、what you're into（あなたがハマっていること）と言いあらわせば伝わります。

"into" は「〜に入り込んで」《突入》を意味する前置詞。〈be into A〉は「Aに興味がある」という意味をあらわすくだけた表現で、日本語の「Aにハマっている・Aに凝っている・Aに夢中である」にあたります。

あるいは、my current obsession（私がいま取りつかれているもの）と言うこともできます。

◆ My current obsession is pumpkin spice lattes.
（パンプキン・スパイス・ラテがマイブームなの）

158 メイクをしたまま寝ちゃった。

"make" ではつうじない

日本人の英語

❌ I went to bed with my make on.

　日本の女性たちがよく口にするのは "make" という名詞。日本語の「メイク」は、英語の makeup（化粧）を縮めたものですが、英語では "makeup" の短縮形はありません。

ネイティブの英語

I went to bed with my makeup on.

　このように "makeup" という名詞を用います。
　「メイクをしたまま」は "with one's makeup on" と表現します。

◆ It takes me ten minutes to put on my makeup.
（私の場合、10分でメイクします）

◆ She wears too much makeup.
（彼女はメイクのしすぎだ）

◆ I use a special cleanser to take off my makeup.
（特別な洗顔料を使ってメイクを落としています）

第5章　カタカナ語の不思議

159 ストレスがたまったら、やっぱりソウルフードよね。

「ソウルフード」は "comfort food"

日本人の英語

❌ When I'm stressed out, I want soul food.

最近よく耳にする「ソウルフード」ですが、英語の "soul food" は、チキンフライドステーキ（chicken-fried steak）やコーンブレッド（corn bread）などの「アフリカ系アメリカ人の伝統料理」を指します。

ネイティブの英語

When I'm stressed out, I want comfort food.

日本人が使っている「ソウルフード」は、「ある地域の人、あるいは個人にとって欠かすことのできない料理」を指しているようです。たとえば、日本人なら味噌汁、大阪の人ならたこ焼き、私ならママのラザニアというように。そうであるなら、英語ではそれを comfort food（元気のでる料理・懐かしの味）と呼んでいます。

◆ What's your favorite comfort food?
（お気に入りのソウルフードは何ですか？）

160 医者にメタボと言われた。

「メタボ」ではつうじない！

日本人の英語

❌ My doctor says I am metabo.

「メタボ」は metabolic syndrome（代謝症候群）のこと。内臓脂肪の蓄積による肥満に加えて、高血圧・高血糖など、複数の異常がある状態を指します。日本人は「メタボ」と略して使っていますが、英米人が"metabo"と言うことはありません。"metabo"は和製英語です。

ネイティブの英語

My doctor says I have high blood pressure and high blood sugar.

たとえば、「高血圧（high blood pressure）で高血糖（high blood sugar）だと医者に言われた」のように具体的に病状を言うのがふつうです。
正式には、

◆ My doctor says I have metabolic syndrome.

と言いあらわしますが、少なくとも日常会話でこのように言う人を聞いたことがありません。

第5章 カタカナ語の不思議

161 ドクターストップで禁煙中なんだ。

"doctor's orders" が対応するけれど……

日本人の英語

❌ I quit smoking on doctor stop.

「ドクターストップ」は、ボクシングで選手が負傷し、医師が試合を続行するのは不可能と認めて、レフェリーに試合中止を勧告することです。ここから、医師が患者の特定の習慣や行動を制限することを、日本では「ドクターストップ」と言うようになったようです。

ネイティブの英語

I quit smoking on doctor's orders.

「ドクターストップ」のことを英語では doctor's orders（医者の命令）と呼んでいます。

◆ I can't drink. Doctor's orders.
（お酒は飲めないんだ。ドクターストップでね）

とはいえ、order（命令）という語は"強制"のニュアンスを含むので、一般には tell A to *do*（Aに〜するように言う）などの動詞を使って言いあらわします。

◆ Her doctor told her to give up smoking.
（医者は彼女にタバコをやめるように言った）

162 出前を頼んだ。
ケータリングは「出前」?

日本人の英語

❌ I ordered catering.

最近よく耳にする言葉に「ケータリング」があります。英語の "catering" は、結婚式、パーティー、宴会などの「仕出し」を意味し、依頼を受けたケータリング会社は、料理のまかないから後片づけまでのいっさいを請け負います。個人がレストランなどに頼む「出前」を意味することはありません。

ネイティブの英語

I had food delivered.

個人がレストランや料理店に「出前」を頼むのは、have ... delivered（……を配達してもらう）を使って、"have food delivered" と言います。

◆ In college, we had pizzas delivered a lot.
（大学生のころ、よくピザの出前をとったよね）
◆ Do you deliver?
（出前、お願いできますか？）

163 これは新米ママのマストアイテムです。

「マストアイテム」は "a must-have item"

日本人の英語

❌ This is a must item for new moms.

最近よく使われている「マストアイテム」ですが、ネイティブが "a must item" と言うことはありません。日本ふうに短くアレンジされてしまったようです。

ネイティブの英語

This is a must-have (item) for new moms.

「Aにとってなくてはならないもの」は "a must-have (item) for A" と言います。must-have（必携の）のところは、次のように essential（絶対に必要な）という形容詞を使うこともあります。

◆ This is an essential (item) for new moms.

この "must-" は応用がきいて、「必見の」でしたら、"must-see" を使います。

◆ What are the must-see places in Kyoto?
（京都で必見の場所といったらどこ？）

164 私、ペーパードライバーなの。だから運転はお任せします。

「ペーパードライバー」は和製英語!

日本人の英語

❌ I'm a paper driver, so I'll let you do the driving.

紙の運転手？　ご存知の方も多いかと思いますが、"paper driver" は和製英語です。英語にはこれにあたる決まった表現がないため、説明する必要があります。

ネイティブの英語

I have a license, but I never drive, so I'll let you do the driving.

「運転免許はあるんだけど、一度も運転したことがないの。だから、あなたに運転はお任せします」と言えば、ネイティブもわかるでしょう。

◆ I always take the train. I have a license, but I never drive.
（いつも電車を利用しているの。なにしろペーパードライバーなもので）

165 | ペットボトルのリサイクルをしてますか?
ペットの入ったボトル?

日本人の英語

❌ Do you recycle pet bottles?

PETは、polyethylene terephthalate（ポリエチレン・テレフタレート）の略語ですが、「ペットボトル」と言ってもまったくつうじません。ネイティブが「ペット」から想像するのは、やはりイヌやネコなどのペット（pet）です。

ネイティブの英語

Do you recycle plastic bottles?

「ペットボトル」のことを "plastic bottle" と呼んでいます。

日本人もよく使う単語である plastic（プラスティック）は「可塑性のある・自由に形が変えられる」という意味をもった形容詞です。

また、スーパーマーケットでもらう「レジ袋」も "plastic bag" です。

◆ This plastic bag is ripped.
（このレジ袋は破れています）

166 彼はセレクトショップで働いている。

「セレクトショップ」でつうじる?

日本人の英語

❌ He works at a select shop.

「セレクトショップ」というのは、特定のブランドだけでなく、独自のコンセプトでセレクトされた商品を販売している店舗のことですが、英語で "a select shop" と表現してもまったくつうじません。おそらく「選り抜きのものを売る店」をイメージして、select（選ぶ）と shop（店）をつなげたのでしょう。

ネイティブの英語

He works at a (luxury) boutique.

a (luxury) boutique（〔高級〕ブティック）と言えば、その意味するところが伝わるでしょう。

◆ She's going to open a boutique on Rodeo Drive.
（彼女はロデオ・ドライヴにセレクトショップを出す予定だ）

また、高級品のみを扱っているデパートは "a luxury department store" とか、an upscale department store（上流階級向けのデパート）と呼んでいます。

第5章 カタカナ語の不思議

167 ポイントカードをお持ちですか?

"point card" は和製英語

日本人の英語

❓ Do you have a point card?

「ポイントをためて、素敵なグッズをもらおう!」
こんなフレーズが町にあふれています。
シチュエーションにもよりますが、上の英文の言わんとすることを理解するネイティブ・スピーカーもいるでしょう。しかし、ネイティブがこのような言いまわしをすることはありません。

ネイティブの英語

・Do you have a rewards card?
・Do you have a loyalty card?

「ポイント・プログラム」(rewards programs) の狙いは、お客様の日頃のご愛顧 (loyalty) に対してお礼 (rewards) を与えるということです。アメリカでは "a rewards card"、イギリスでは "a loyalty card" と呼んでいます。

◆ I have over 1,000 points on my rewards card.
(私のポイントカードは1,000ポイントを超えました)

168 それはケースバイケースだ。
"case by case" の使い方

日本人の英語

❌ It's case by case.

case by case（一件一件）という表現はあるにはあるのですが、このままの形で使うことはありません。on a case-by-case basis（個別に・そのつど）の形で用いるのがふつうです。

◆ The doctors decide the treatment on a case-by-case basis.
（その医師団は治療法をそのつど決定します）

ネイティブの英語

It depends.

日本語の「ケースバイケースだ」は「それは時と場合による・状況しだいだ」に言い換えられます。

A : How do you decide which stocks to buy?
（どの株を買うか、どうやって決めるの？）
B : It depends.
（ケースバイケースだよ）

169 彼のリアクションには笑った。

「リアクション」と「レスポンス」

日本人の英語

❌ His reaction made me laugh.

英語の "reaction" の原義は「反射的な反応」で、主として「反射能力」「化学反応」「(薬品などの) 拒否反応」の意味で用いられます。

ネイティブの英語

His response made me laugh.

日本語の「リアクション」は「答えとしての言動」「対応の様子」「応答の態度」といった意味合いが強いようです。そうした場合は、response（対応・反応）がふさわしいように思われます。

ところで、みなさんは "comeback" という名詞を知っていますか。「復帰・カムバック」という意味だけだと思っている人が多いのではないでしょうか。じつはこれ、「気の利いた受け答え・鋭い切り返し」の意味でもよく使うのです。

◆ She always has a clever comeback.
（彼女はいつも気の利いた受け答えをする）

170 ホームレスを助けるためにもっと努力しなくてはなりません。

「ホームレス」は "homeless people"

日本人の英語

✗ We must do more to help homeless.

日本人は「ホームレス」を名詞扱いしていますが、英語の "homeless" は「家のない」という意味の形容詞としての用法しかありません。

ネイティブの英語

We must do more to help homeless people.

このように「ホームレスの人」を総称的にとらえた場合は、homeless people / the homeless と言います。「ホームレスの人」(単数) を指す表現としては、a homeless person / a homeless man / a homeless woman などがあります。

◆ A homeless man chased and caught the purse snatcher.
(ホームレスの男性が、ハンドバッグをひったくった犯人を追いかけて捕まえた)

171 ガッツポーズをお願いします!

「勝利のポーズ」と言い換える

日本人の英語

❌ Guts pose, please!

"guts" は、胃や腸、心臓をも含む「内臓」をあらわす語で、「勇気・度胸」の意味をもつようになりましたが、上の英文、何を言おうとしているのか、見当もつきません。

さて、「ガッツポーズ」ですが、これは元プロボクサーのガッツ石松さんがリングの上でとった「ガッツ(石松)のポーズ」から一般に広まったようです。

ネイティブの英語

Strike a victory pose!

スポーツ選手などにガッツポーズを頼むときは、このように言います。英語では a victory pose(勝利のポーズ)と呼んでいます。

A: Okay, now strike a victory pose!
(はい。じゃ、ガッツポーズをお願いします!)
B: Like this?
(これでいいかな?)

172 ロニーはここのスタッフだ。

"staff" は集合名詞

日本人の英語

❌ Ronnie is a staff here.

日本語の使い方とは違い、英語の"staff"は個人を指して言う単語ではありません。複数の人間で構成されている集団（a group of people）を指す名詞（集合名詞）です。

◆ The members of our staff are from lots of countries.
（スタッフのメンバーはいろいろな国からやって来ている）

ネイティブの英語

Ronnie is a staff member here.

日本語で言うところの「スタッフ」、つまり個々のメンバーをあらわすときは、"a staff member"とか"a member of the staff"としなくてはなりません。

◆ Yosuke is one of our best editorial staff members.
（陽介は、最もすぐれた編集スタッフのひとりです）

173 | 毎月のノルマがきつい。

「ノルマ」の由来

日本人の英語

❌ It's tough to meet my monthly norma.

「ノルマ」はロシア語の "norma" に由来します。ソ連時代の制度で、労働者が一定の時間内にやるべきものとして割り当てられた労働の基準量を指す言葉でした。転じて、生産・販売などの分野における仕事の分量や目標指数を意味するようになりました。

ネイティブの英語

It's tough to meet my monthly quota.

「ノルマ」を "quota" と呼んでいます。また、ノルマを「達成する」は "meet" という動詞をよく用います。
◆ The charity met its quota for December.
（その慈善団体は12月のノルマを達成した）
逆に、ノルマを「達成しない」は "miss" を用います。
◆ He was fired because he repeatedly missed his daily quota.
（1日のノルマを達成できない日が続いたので、彼はクビになった）

174

彼女はスタイルがいい。

"style" ではつうじない

日本人の英語

❌ She has a good style.

"style" は建築や文芸などの「様式」で、服装などの「型」を指すことはあっても、「格好・スタイル」がいいと言うときには使えません。

また、ときおり ❌ She has a good proportion. と言っている人を見かけますが、これだと「彼女はよい割合の持ち主だ」になってしまい、まったく意味をなしません。

ネイティブの英語

She has a great figure.

このように言えば、聞き手はその女性の「均整のとれた体型」(a great figure) を思い浮べることでしょう。

◆ She is in good shape.
（彼女はスタイルがいい）

この表現は、シェイプアップをして、健康的な状態 (shape) を保っているという感じがします。

第5章 カタカナ語の不思議

175 | エッチ!
HENTAIの「H」

日本人の英語

❌ H(Etchi)!

「エッチ」という言葉は、なんとHENTAI（変態）の頭文字であるHからとられたようです。1952年（昭和27年）ごろに女子学生のあいだで使われはじめたんですって。というわけで、英語圏では「エッチ！」と叫んでもまったくつうじません。

ネイティブの英語

Creep!

アメリカの女の子の場合、痴漢行為を受けたときは、すかさずこんなふうに声をあげます。"creep"は「嫌なやつ・エッチなやつ」です。
そのほか、こんなものもあります。

◆ Dirty old man!
（このスケベおやじ！）
◆ Pervert! / Perv!
（変態！）

176 | その薬は男性ホルモンの値を上げます。
発音に注意!

日本人の英語

❌ The drug increases levels of man's horumon.

「男性ホルモン」「女性ホルモン」の「ホルモン」は、ドイツ語の "Hormon" から借用したようです。

ネイティブの英語

The drug increases levels of male (sex) hormones.

英語ではこのように言います。発音に注意してください。"hormone" は〔**ホーモウン**〕と発音します。

◆ The growth of facial hair on men is caused by male hormones.
（男性の顔にひげが生えるのは男性ホルモンの働きによる）

「女性ホルモン」は "female (sex) hormones" です。

ちなみに、食用の「ホルモン・臓物・もつ」は、アメリカでは "variety meats" とか "organ meats" と呼んでいます。イギリスやカナダでは "offal" です。

第5章 カタカナ語の不思議

177 | フレッシュサンドなら コンビニで買えます。
新鮮な砂？

日本人の英語

❌ The convenience store sells fresh sand.

街を歩いていると、さまざまな"英語"に出くわします。ある日、スーパー（supermarket）でサンドイッチを買ったら、パッケージに"FRESH　SAND"という不可解な文字が……。「新鮮な砂」って何？

ネイティブの英語

The convenience store sells fresh sandwiches.

「新鮮なサンドイッチ」であることを伝えるには、ちゃんと"SANDWICH"と書かないといけません。"SAND"だけだと「砂」になってしまいます。

同様に、「ホットサンド」は hot sand（熱い砂）ではなく、"toasted sandwich"とか"grilled sandwich"と言わなければなりません。

日本人には長い英単語を短くして言いやすいようにする傾向がありますが、問題なのは短くした単語をそのまま英語に変換してしまうことです。

178 ファスナーが壊れちゃった。

"fastener" と "zipper" の違い

日本人の英語

❌ I broke the fastener.

最近では「ジッパー」と言う人も多くなりましたが、英語の "fastener" は、ジッパーだけでなく、ボタンやホックなどを含む「留め具」を指して使う言葉です。

ネイティブの英語

I broke the zipper.

日本語の「ファスナー」は "zipper" に相当します。
◆ The zipper is on the back.
（ファスナーは背中にあります）

ジッパーを「上げる」や「下げる」は、"zip" や "unzip" という動詞を使って言いあらわします。
◆ I've gained weight and now I can't zip this up.
（太ってしまって、ジッパーが上がらない）
◆ Unzip my dress, please.
（ドレスのジッパーを下ろしてくださる？）

179 グランド・オープン！

"Grand Open!" とは?

日本人の英語

❌ Grand Open!

街を歩いていると、日本語の「グランド・オープン！」や「大開店！」ばかりか、"Grand Open!" という英文字も目に飛び込んできます。

"open" を名詞で使うと、in the open（野外で）のように「空き地・戸外・野外」の意味になってしまい、なんとも落ち着かない気分になってしまいます。

ネイティブの英語

Grand Opening!

「開店」の意味なら、"opening" にしなければなりません。

もちろん、

❌ Renewal Open!（新装開店！）

という表現も誤りです。"opening" のほうに re（再び・新たに）をつけて、

◆ Grand Reopening!（新装開店！）

とすればOKです。

180 スキー&リゾートへ行った。

「&」の考え方

日本人の英語

❌ We went to ski & resort.

旅行会社の目玉商品のひとつである「スキー&リゾート」。みなさんも耳にしたことがあるでしょう。

"&"や"and"は、2つの単語や句をつなげる接続詞ですが、"time & space"や"you and me"のように、その2つが同種・同類・対等なものでなければならないという原則があります。

"Ski & Resort"は「スキー」と「リゾート」という異質なものが"&"で結ばれているので、ネイティブの感覚では「？」でしかありません。

ネイティブの英語

We went skiing at a winter resort.

「スキー&リゾート」の意味するところは、「冬の行楽地でスキーをする」でしょうから、このような英文をつくるほかありません。

181 娘はマンツーマンのレッスンを受けている。

「マンツーマン」は "private"

日本人の英語

✗ My daughter takes man-to-man lessons.

ある学習塾の広告に "man-to-man lesson" とありました。"man-to-man" は、球技スポーツなどのディフェンス（防御）に言及したり、talk man to man（腹をわって1対1で話す）というときにしか使われることはありません。

ネイティブの英語

My daughter takes private lessons.

「マンツーマンの」は、private（個人的な・個別の）を使うのがふつうです。

◆ She takes private lessons from a tennis pro.
（彼女はプロテニス選手からマンツーマンレッスンを受けている）

private の代わりに one-on-one / one-to-one（1対1の）を使うこともあります。

◆ At our cram school, we offer one-on-one lessons.
（当塾ではマンツーマンの指導をしています）

あとがき
ネイティブと話そう！

　このところ、英会話スクールに通う人が急増中と聞きます。また、インターネット上で海外在住のネイティブから受けられる格安のレッスンも人気のようです。

　しかしながら、「いっこうに上達しているようには思えない」という人もまたたくさんいるようです。

　私が見るところ、そうした人たちには、「聞き役になってしまっている」という共通点があります。

◆ Don't be shy!
　レッスン料を払って英語を学んでいるのに、恥ずかしがって、積極的にしゃべろうとしないのはお金の無駄づかいです。せっかく機会をつくって学んでいるのだから、「自分から積極的に話そう。会話の主導権を握ろう」と自分に言い聞かせてレッスンにのぞんでください。

◆ Speak whenever you have the chance!
　理解できないところがあったら、遠慮せずに先生に聞くこと。この姿勢をもってください。

◆ Ask questions when you aren't sure about something!
　生徒のなかには、「こんなバカな質問をしてすみません」と前置きする人がいます。

　こんなことを言う必要はありません。

◆ There's no such thing as a stupid question!
　ためらうことなく、頭に浮かんだ疑問をどんどん口にしてみてください。

　ここからは、英語のレッスンを有意義なものにするための重要フレーズを披露することにします。もちろん、これらのフレーズは、先生に対してだけでなく、ふだんの会話でも使うことができます。ぜひ、役立ててください。
　Happy reading!

　　　　　　　　　　　　キャサリン・A・クラフト

（1）質問があるとき
◆ I have a question (to ask you).
　（質問があるのですが）
　　＊短く"I have a question."と言ってもいいのですが、"I have a question to ask you."のほうが丁寧に聞こえます。
◆ Can I ask you a question?
　（質問してもいいですか？）
　　＊ ask 〜 a question「〜に質問する」
◆ There are a couple of things I don't understand.
　（わからない箇所が2、3あります）
　　＊ネイティブが（Do you have）Any questions?（質問がありますか？）と聞いてきたら、このように答えます。「いいえ、ありません」なら、"No, I don't."とか"I'm OK."などと応じます。

＊「1つだけわからないところがある」と言いたいときは、"There's just one thing I don't understand." と言います。

(2) 単語や熟語の意味がわからないとき
◆ I don't understand the meaning of "devout"?
("devout"の意味がわかりません)
　＊ I don't understand（わかりません）の部分をはっきりと述べましょう。
　＊ devout〔ディ**ヴァ**ウト〕「信心深い・敬虔(けいけん)な」
◆ What does that mean?
(それはどういう意味ですか？)
　＊単語などの意味を尋ねるときに、もっともよく使われている表現です。
◆ Would you explain the meaning of "loosen up"?
("loosen up"の意味を説明してもらえますか？)
　＊ explain the meaning（その意味を説明する）の部分をはっきりと言いましょう。
　＊ loosen up「肩の力を抜く・リラックスする」

(3) 単数形・複数形を聞くとき
◆ What is the singular of "children"?
("children"の単数形は何ですか？)
　＊ singular「単数形」（〔**スィ**ングラ〕と発音します）
◆ What is the plural of "wife"?
(wife の複数形は何ですか？)
　＊ plural「複数形」（〔**プル**ラゥ〕と発音します）

（4）発音のしかたがわからないとき
◆ How do you pronounce this word?
（この単語はどのように発音するのですか？）
　＊"pronounce"は〔プロ**ナ**ウンス〕と発音します。
◆ Could you say it again more slowly, please?
（もう一度、ゆっくり発音してくれませんか？）
　＊英語の「音」だけでなく、先生の口や舌の動きをよく見ましょう。
◆ Is my pronunciation all right?
（私の発音は正しいですか？）
　＊"Is my pronunciation correct?"と言うこともあります。
◆ Would you please check my pronunciation?
（私の発音をチェックしてもらえますか？）
　＊check（チェックする）はとても便利な単語ですので、ぜひ口慣らしをしましょう。
◆ Where should I put the stress in this word?
（この単語はどこにアクセントがありますか？）
　＊「アクセント」はstress / accentであらわします。
　＊put the stress on A / put the accent on A「Aにアクセントをおく」
　＊このように聞けば、The accent is on the "e" in hotel.（hotelは"e"にアクセントがある）、The accent is on the second syllable.（第2音節にアクセントがある）などの答えが返ってきます。

(5) 文全体の読みを聞いてほしいとき
◆ Can I try reading the whole sentence?
（文全体を読んでみてもいいですか？）
　＊ Can I try 〜ing?「〜してみてもいいですか？」
◆ Please check my intonation.
（イントネーションをチェックしてください）
　＊ intonation「声の抑揚・イントネーション」
◆ Does the intonation rise here?
（ここは上げ調子で読むのですか？）
　＊イントネーションには「上げ調子」(rising intonation)と「下げ調子」(falling intonation)の２つがあります。通例、Yes / No で答える疑問文は「上げ調子」、平叙文や疑問詞（what / when / how など）を使った疑問文は「下げ調子」で言います。
　＊ rise「上がる」（〔ゥ**ライ**ズ〕と発音します）
◆ Does the intonation fall here?
（ここは下げ調子で読むのですか？）
　＊ fall「下がる」

(6) スペルがわからないとき
◆ Could you spell that word?
（その単語のスペルを言ってください）
　＊ spell「スペルを言う・綴りを書く」
◆ Could you give me the spelling of that word?
（その単語のスペルを教えてください）
　＊とくに "give me the spelling" の部分をはっきりと発音しましょう。

＊「スペル」は "spelling" です。
◆ How do you spell "chaos"?
（"chaos"はどう綴るのですか？）
　＊このように聞けば、It's spelled C-H-A-O-S.（C-H-A-O-S だよ）などと答えてくれるはずです。
　＊ chaos「カオス・大混乱・無秩序」（この単語は〔**ケ**イアス〕と発音します）

（7）違いがわからないとき
◆ What's the difference between "smile" and "chuckle"?
（"smile"と"chuckle"の違いは何ですか？）
　＊ "What's the difference between A and B?" という定型フレーズを覚えましょう。
　＊ "smile"は、声を出さずに「にっこりと笑う・ほほ笑む」です。
　＊ "chuckle"は、「（小さな声で）くすくす笑う・（低い声で）クックッと笑う」です。英語では、"Hm, hm, hm, hm." と書きあらわされます。〔**チャ**クゥ〕と発音します。
◆ When do you use "weep"?
（"weep"はどんなときに使うのですか？）
　＊ When do you use A?（Aはどんなときに使うのですか？）
　＊ In what situation do you use A?（どのような状況のときにAを使うのですか？）と言うこともあります。

（8）表現が適切かどうか聞きたいとき
◆ Is this expression natural?
（この表現は自然な言いまわしですか？）
　＊「不自然な」は"unnatural"、「ぎこちない」は"awkward"と言います。
◆ Is it a common expression?
（よく使う表現ですか？）
　＊ common「よくある・ありふれた」
　＊ Is it an everyday colloquial expression?（それは日常的な口語表現ですか？）と言ってもいいのですが、ふつうこのように言います。
◆ Is it slang?
（それはスラングですか？）
　＊ slang「俗語・スラング」（数えられない名詞）

（9）冠詞で悩んだとき
◆ Which do I use here, "a" or "the"?
（ここでは"a"と"the"のどちらを使えばいいのですか？）
　＊あえて article（冠詞）という単語を使わなくても、このように言えばつうじます。
◆ Do I need "the" before this noun?
（この名詞には"the"が必要ですか？）
　＊ Do I need A before B?（Bの前にはAが必要ですか？）

ちくま新書
1313

日本人（にほんじん）の9割（わり）が知（し）らない英語（えいご）の常識（じょうしき）181

2018年3月10日　第1刷発行

著者
キャサリン・A・クラフト

編訳者
里中哲彦
（さとなか・てつひこ）

発行者
山野浩一

発行所
株式会社筑摩書房
東京都台東区蔵前 2-5-3　郵便番号 111-8755
振替 00160-8-4123

装幀者
間村俊一

印刷・製本
三松堂印刷 株式会社

本書をコピー、スキャニング等の方法により無許諾で複製することは、法令に規定された場合を除いて禁止されています。請負業者等の第三者によるデジタル化は一切認められていませんので、ご注意ください。
乱丁・落丁本の場合は、下記宛にご送付ください。
送料小社負担でお取り替えいたします。
ご注文・お問い合わせも下記へお願いいたします。
〒331-8507　さいたま市北区櫛引町2-604
筑摩書房サービスセンター　電話048-651-0053
© Kathryn A. Craft 2018　Printed in Japan
ISBN 978-4-480-07133-0 C0282

ちくま新書

1007 歌舞伎のぐるりノート 中野翠
素敵にグロテスク。しつこく、あくどく、面白い。歌舞伎は"劇的なるもの"が凝縮された世界。その「劇的なるもの」を求めて、歌舞伎とその周辺をめぐるコラム集。

1030 枝雀らくごの舞台裏 小佐田定雄
爆発的な面白さで人気を博した桂枝雀の、座付作者による決定版ガイド。演出の変遷、ネタにまつわるエピソード、芸談、秘話を、音源映像ガイドとともに書き記す。

1123 米朝らくごの舞台裏 小佐田定雄
上方落語の人間国宝・桂米朝の、演題別決定版ガイド。舞台裏での芸談やエピソード、歴史を彩る芸人たちの秘話を、書籍音源映像ガイドとともに書き記す。

996 芸人の肖像 小沢昭一
小沢昭一が訪ねあるき、撮影した、昭和の芸人たちの姿。実演者である著者が、芸をもって生きるしかない「クロウト」たちに寄り添い、見つめる視線。写真164枚。

1135 ひらく美術——地域と人間のつながりを取り戻す 北川フラム
文化で地方を豊かにするためにはどうすればいいのか。約50万人が訪れる「大地の芸術祭 越後妻有アートトリエンナーレ」総合ディレクターによる地域活性化論!

1158 美術館の舞台裏——魅せる展覧会を作るには 高橋明也
商業化とグローバル化の波が押し寄せる今、美術館では想像以上のドラマが起きている。展覧会開催から美術品を巡る事件、学芸員の仕事……新しい美術の殿堂の姿!

1282 素晴らしき洞窟探検の世界 吉田勝次
狭い、暗い、死ぬほど危ない……それでも洞窟に入るのはなぜなのか? 話題の洞窟探検家が、未踏洞窟の探検や世界中の洞窟を語る。洞窟写真の美麗カラー口絵付。

ちくま新書

186 もてない男 ――恋愛論を超えて 小谷野敦

これまでほとんど問題にされなかった「もてない男」の視点から、男女の関係をみつめなおす。文学作品や漫画を手がかりに、既存の恋愛論をのり超える新境地を展開。

371 大学受験のための小説講義 石原千秋

「大学入試センター試験」に必ず出る小説問題。これを解くには学校では教えてくれない技術が必要だ！国公立二次試験にもバッチリ使える教養としての小説入門。

599 高校生のための古文キーワード100 鈴木日出男

暗記はやめる！源氏物語注釈、枕草子注釈、古語辞典編著を経て、国文学界の第一人者が書き下ろし、読んで身につく古文単語。コラム《読解の知恵》も必読。

661 「奥の細道」をよむ 長谷川櫂

流転してやまない人の世の苦しみ。それをどう受け容れるのか。芭蕉は旅にその答えを見出した。芭蕉が得た大いなる境涯とは――。全行程を追体験しながら読み解く。

836 教養としての官能小説案内 永田守弘

欲深い読者の嗜好に応じ多様なジャンルの作品が咲きほこる官能小説の世界。淫らに成熟したこの表現世界の精髄を、巨匠らの名作・怪作を歴史的にたどりながら探る。

929 心づくしの日本語 ――和歌でよむ古代の思想 ツベタナ・クリステワ

過ぎ去った日本語は死んでいない。日本人の世界認識の根源には「歌を詠む」という営みがある。王朝文学の言葉を探り、心を重んじる日本語の叡知を甦らせる。

1073 精選 漢詩集 ――生きる喜びの歌 下定雅弘

陶淵明、杜甫、李白、白居易、蘇軾。この五人を中心に、深い感銘を与える詩篇を厳選して紹介。漢詩に結実する東洋の知性と美を総覧する決定的なアンソロジー！

ちくま新書

253 教養としての大学受験国語
石原千秋

日本語なのにお手上げの評論読解問題。その論述の方法を、実例に即し徹底解剖。アテモノを脱却し上級の教養をめざす、受験生と社会人のための思考の遠近法指南。

1105 やりなおし高校国語
──教科書で論理力・読解力を鍛える
出口汪

教科書の名作は、大人こそ読むべきだ! 夏目漱石、森鷗外、丸山眞男、小林秀雄などの名文をカリスマ現代文講師が読み解き、社会人必須のスキルを授ける。

999 日本の文字
──「無声の思考」の封印を解く
石川九楊

日本語は三種類の文字をもつ。この、世界にまれな性格はどこに由来し、日本人の思考と感性に何をもたらしたのか。鬼才の書家が大胆に構想する文明論的思索。

1062 日本語の近代
──はずされた漢語
今野真二

漢語と和語が深く結びついた日本語のシステムから、日清戦争を境に漢字・漢語がはずされていく。明治期の小学教材を通して日本語への人為的コントロールを追う。

1221 日本文法体系
藤井貞和

日本語を真に理解するには、現在の学校文法を書き換えなければならない。豊富な古文の実例をとりあげつつ、日本語の隠れた構造へと迫る。かつてない、全く新しい理論の登場。

1246 時間の言語学
──メタファーから読みとく
瀬戸賢一

私たちが「時間」をどのように認識するかを、〈時は金なり〉〈時は流れる〉等のメタファー(隠喩)を分析して明らかにする。かつてない、ことばからみた時間論。

756 漢和辞典に訊け!
円満字二郎

敬遠されがちな漢和辞典。でも骨組みを知れば千年以上にわたる日本人の漢字受容の歴史が浮かんでくる。辞典編集者が明かす、ウンチクで終わらせないための活用法。

ちくま新書

110 「考える」ための小論文　森下育彦　西研

論文を書くことは自分の考えを吟味するところから始まる。大学入試小論文を通して、応用のきく文章作法を学び、考える技術を身につけるための哲学的実用書。

122 論文・レポートのまとめ方　古郡廷治

論文・レポートのまとめ方にはこんなコツがある！　用字、用語、文章構成から図表の使い方まで実例を挙げながら丁寧に秘訣を伝授。初歩から学べる実用的な一冊。

292 ザ・ディベート——自己責任時代の思考・表現技術　茂木秀昭

「原発は廃止すべし」。自分の意見をうまく言えますか？　データ集めから、立論、陳述、相手への反駁まで。学校やビジネスに活きるコミュニケーション技術を伝授。

600 大学生の論文執筆法　石原千秋

大学での授業の受け方から、大学院レベルでの研究報告や社会に出てまで含め、執筆法の秘伝を公開する。近年の学問的潮流も視野に入れた新しい入門書。

989 18分集中法——時間の「質」を高める　菅野仁

面倒な仕事から逃げてしまう。期限が近付いているのにやる気が起きない。そんなあなたに効く具体的でシンプルな方法を伝授します。いま変わらなきゃ、いつ変わる。

993 学問の技法　橋本努

学問の王道から邪道まで、著者自身の苦悩から生み出されたテクニックを満載！　大学生はもちろん社会人も、読めば学問がしたくてしょうがなくなる、誘惑の一冊。

1088 反論が苦手な人の議論トレーニング　吉岡友治

「空気を読む」というマイナスに語られがちな行為は、実は議論の流れを知るための技でもあった！　ツッコミから反論、仲裁まで、話すための極意を伝授する。

ちくま新書

1230 日本人の9割が間違える英語表現100　キャサリン・A・クラフト 里中哲彦編訳

教科書に載っていても実は通じない表現や和製英語など、日本人の英語は勘違いばかり！ 長年日本人の英語に接してきた著者が、その正しい言い方を教えます。

1248 めざせ達人！ 英語道場　――教養ある言葉を身につける　斎藤兆史

読解、リスニング、会話、作文……英語学習の本質をコンパクトに解説し、「英語の教養」を理解し、発信できるレベルを目指す。コツを習得し、めざせ英語の達人！

1298 英語教育の危機　鳥飼玖美子

大学入試、小学校英語、グローバル人材育成戦略……2020年施行の新学習指導要領をはじめ、日本の英語教育は深刻な危機にある。第一人者による渾身の一冊！

1200 「超」入門！ 論理トレーニング　横山雅彦

「伝えたいことを相手にうまく伝えられない」のはなぜか？ 日本語をロジカルに運用し、論理思考をコミュニケーションとして使いこなすためのコツを伝授！

908 東大入試に学ぶロジカルライティング　吉岡友治

腑に落ちる文章は、どれも論理的だ！ 東大入試を題材に、論理的に書くための「型」と「技」を覚えよう。学生だけでなく、社会人にも使えるワンランク上の文章術。

889 大学生からの文章表現　――無難で退屈な日本語から卒業する　黒田龍之助

読ませる文章を書きたい。だけど、学校では子供じみた作文と決まりきった小論文の書き方しか教えてくれなかった。そんな不満に応えるための新感覚の文章読本！

1234 デヴィッド・ボウイ　――変幻するカルト・スター　野中モモ

ジギー・スターダストの煌びやかな衝撃、『レッツ・ダンス』の世界制覇、死の直前に発表された『★』……常に変化し、世界を魅了したボウイの創造の旅をたどる。